Gerik und Tami Chirlek

Excel 2013 . Probleme und Lösungen

Band 3

Gerik und Tami Chirlek

Excel 2013

Probleme und Lösungen

- Band 3 -

Formeln und Funktionen

---

gerik CHIRLEK / Edition 24tc
2014

Bibliografische Information der Deutschen Nationalbibliothek
Die Deutsche Nationalbibliothek verzeichnet diese Publikation in der Deutschen Nationalbibliografie; detaillierte bibliografische Daten sind im Internet über www.dnb.de abrufbar.

IMPRESSUM
© 2014 gerik CHIRLEK / Edition 24tc
Herstellung und Verlag: BoD - Books on Demand, Norderstedt
ISBN: 978-3-7357-1949-2

Inhaltsverzeichnis

Vorwort 9

1 Einleitung 11

2 Formeln und Funktionen 17

2.1 Allgemeines 17

2.1.1 Funktionsassistent 18

2.1.2 Kopieren einer Formel 20

2.1.3 Arrayformel (Matrixformel) 21

2.1.4 Wechsel zwischen Formel und Ergebnis 21

2.1.5 Formeln drucken 22

2.1.6 Zellbezüge absolut / gemischt / relativ 23

2.1.7 Grundsätzlicher Bezug 26

2.1.8 Formelteile ändern 28

2.1.9 Formeln durch Festwerte ersetzen 29

2.1.10 Berechnungen 29

2.1.11 Tabellenblattname in Zelle anzeigen 30

2.1.12 Fehler 31

2.2 Formelüberwachung (Detektiv) 39

2.3 Rechenoperationen 41

2.3.1 Grundberechnungen 41

2.3.2 Teilberechnungen 42

2.3.3 Subtraktion (-) 47

2.3.4 Multiplikation (*) 49

2.3.5 Addition (+) 50

2.4 Anzahl / Zählen 63

2.5 Wenn 84

2.6 Quersumme 91

2.7 Trigonomie 92

2.8 Mittelwert und Median 94

2.9 Prozentrechnung 101

2.10 Runden 104

2.10.1 Aufrunden 109

2.10.2 Abrunden 113

2.10.3 Ganzzahl 114

2.10.4 VRUNDEN 116

2.10.5 Rundungsregeln bei Währungen 117

2.11 Kürzen 118

2.12 Darstellen von Brüchen 119

2.13 Wurzel 120

2.14 Potenz 120

2.15 Fakultät 121

2.16 VERWEISE 121

2.16.1 VERWEIS 122

2.16.2 SVERWEIS 123

2.16.3 WVERWEIS 126

2.17 INDEX und VERGLEICH 127

2.18 Konvertierung 128

2.19 Zeichenkettenfunktionen 129

2.20 Aggregatfunktionen 133

2.20.1 Minimum 133

2.20.2 Den x - kleinsten Wert ermitteln 134

2.20.3 Maximum 135

2.20.4 Den x - größten Wert ermitteln 136

2.20.5 Rang 136

2.20.6 Quantilsrang 138

2.21 Rechnen 139

2.21.1 Rechnen über mehrere Tabellenblätter ... 139

2.21.2 Rechnen mit Zahlen in einem Text 139

2.22 Interpolieren 141

2.23 Zahlen und Formeln in Text umwandeln 142

2.24 Finanzmathematische Funktionen 143

2.25 Datum & Zeit 145

2.25.1 Allgemeines 145

2.25.2 Eingabemöglichkeiten 147

2.25.3 Datum nach Monat sortieren 149

2.25.4 Verknüpfungen - Datum 151

2.25.5 Addieren – Datum 153

2.25.6 Datumsdifferenz ermitteln 155

2.25.7 Aktuelles Datum 157

2.25.8 Quartal einem Datum zuordnen 159

2.25.9 Kalenderwoche einem Datum zuordnen 161

2.25.10 Wochentag & Wochenenden 162

2.25.11 Nettoarbeitstage berechnen 167

2.25.12 Datum berechnen 169

2.25.13 Berechnungen – Zeit 175

2.25.14 Arbeitszeit- & Lohnberechnung 182

2.26 Festwerte / Zufallszahl 188

2.27 Doppelte Einträge ermitteln 189

2.28 Kombinationen 189

Vorwort

Mit dem vorliegenden Buch der Reihe 'Probleme und Lösungen' erhalten Sie ein kleines Nachschlagewerk für den Umgang mit Microsoft® Excel. Es wurde so aufgebaut, dass bereits geringste Kenntnisse der Oberfläche von Microsoft® Windows® und Microsoft® Excel genügen, um aus den beschriebenen Lösungsansätzen Antworten zu einem vorhandenen Problem zu finden.

Zur besseren Übersicht dienen nachstehende Darstellungen:

`Courier New`	Formel, Schaltfläche etc.
Taste	Taste
☐ + ☐	Tasten gleichzeitig drücken
☐ → ☐	Tasten nacheinander drücken
Kursiv	Hinweistext

Da oft diverse Wege zum gleichen Ziel führen (bspw. Funktion 'Kopieren') haben wir uns mehrheitlich auf eine Möglichkeit beschränkt. Sicherlich werden Sie im Umgang mit der Software noch weitere Wege entdecken.

Wir wünschen Ihnen, dass Sie mit diesem Buch eine kleine Unterstützung für Ihren Alltag finden. Viel Spaß beim Studieren und Ausprobieren.

Köln, im April 2014

Gerik und Tami Chirlek

Bücher der Reihe 'Probleme und Lösungen' erschienen erstmalig im Jahr 2004. Mit freundlicher Genehmigung der damaligen Herausgeberin Claudine Hirschmann - durften Reihe wie auch Inhalte übernommen und aktualisiert werden.

Wichtiger Hinweis
Das Buch wurde mit der Softwarekombination Microsoft® Windows 7 und Microsoft® Office 365 erstellt.
Bei der Zusammenstellung der Informationen wurde mit größter Sorgfalt vorgegangen. Der Verlag wie die Autoren können für dennoch aufgetretene fehlerhafte Angaben und deren Folgen weder juristische Verantwortung noch irgendeine Haftung übernehmen. Verbesserungsvorschläge und Hinweise auf Fehler werden dankend entgegengenommen.
Microsoft® Excel und Microsoft® Windows® sind eingetragene Marken oder Marken der Microsoft Corporation in den USA und/oder anderen Ländern.

1 Einleitung

Microsoft® Excel ist ein Tabellenkalkulationsprogramm.

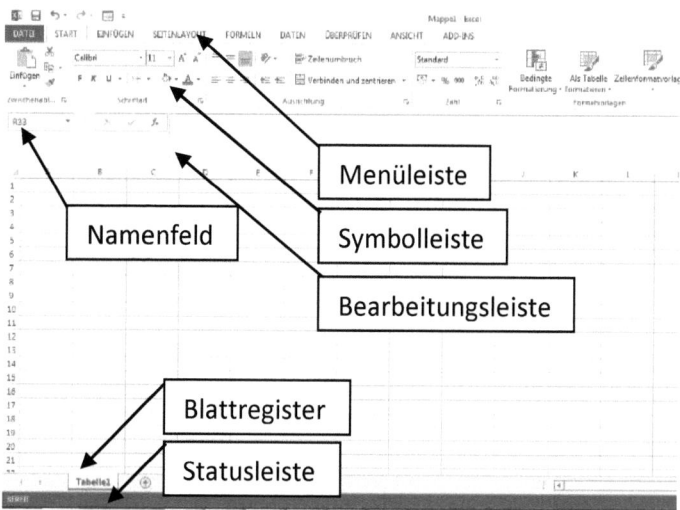

Abb. 1: Darstellung Excel 2013

Ein Tabellenblatt von Excel verfügt über 16.384 Spalten und 1.048.576 Zeilen.

1 Einleitung

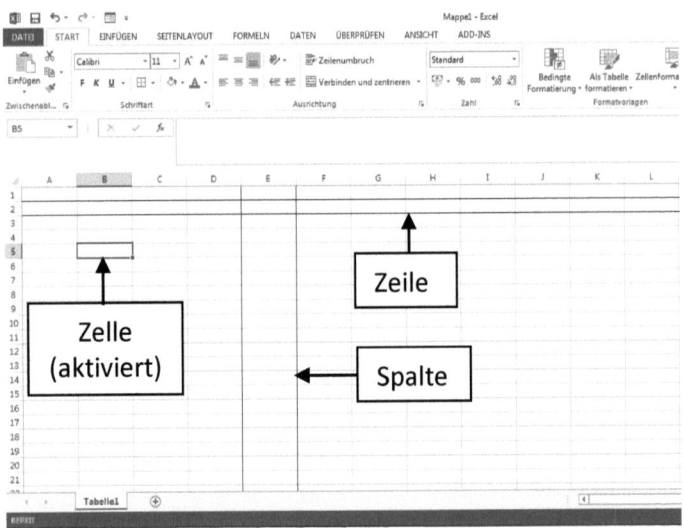

Abb. 2: Darstellung Excel 2013

Die zu Grunde liegende kleinste gemeinsame Einheit ist eine eindeutig definierte Zelle. Dadurch entsteht eine Adressierbarkeit, das heißt der Ort zum Abspeichern von Daten kann genau benannt werden. So bezeichnet die Zelle A1 immer die erste Spalte (A) und davon die erste Zeile (1).

1 Einleitung

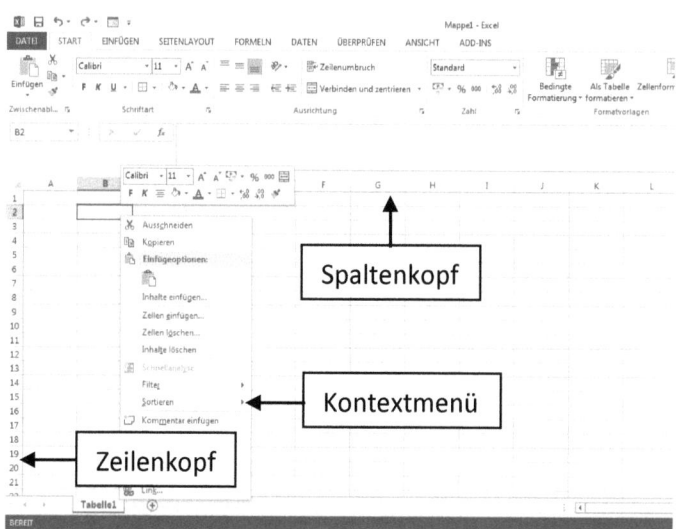

Abb. 3: Darstellung Excel 2013

Jede Zelle kann verschiedene Inhalte haben:
- Text (ist eine Abbildung von Zeichen und wird links ausgerichtet)
- Wert (ist ein numerischer Ausdruck, d. h. eine berechenbare Zahl und wird rechts ausgerichtet)
- Formel (ist eine Berechnung und beginnt am Anfang mit '=')

1 Einleitung

Auch wenn die maximale Spaltenbreite nur 255 Zeichen umfasst, darf der Inhalt einer Zelle aus maximal 32.767 Zeichen bestehen. Dabei ist jedoch zu beachten, dass Excel der IEEE 754-Spezifikation zur Speicherung und Berechnung von Gleitkommazahlen folgt. Deshalb werden nur 15 signifikante Ziffern in einer Zahl gespeichert und folgende Ziffern in Nullen geändert. Zur Darstellung müsste dann das Textformat genutzt oder Leerzeichen an beliebigen Stellen eingefügt werden.

Weitere Spezifikationen können folgender Internetseite entnommen werden:

http://office.microsoft.com/de-de/excel-help/spezifikationen-und-beschrankungen-in-excel-HP010342495.aspx

Abschließend sei noch darauf verwiesen, dass im Umgang mit Excel nicht nur Eingaben in Zellen möglich sind, sondern auch in Dialogfenstern erforderlich sein können.

1 Einleitung

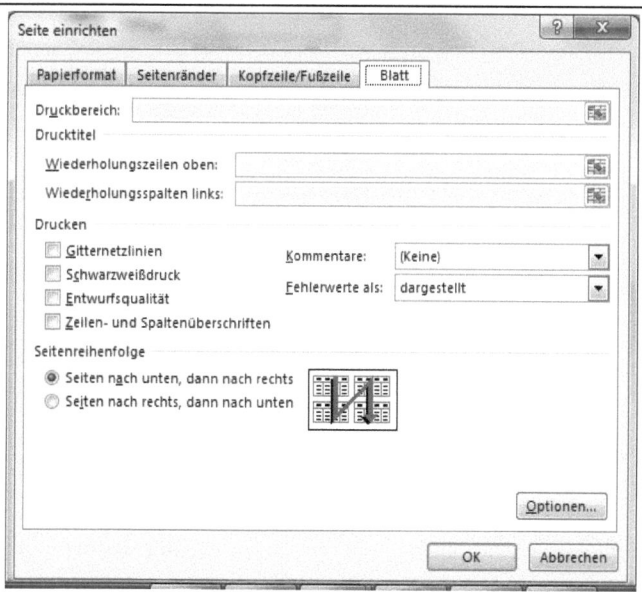

Abb. 4: Darstellung Excel 2013

Ein Dialogfenster ist meist selbsterklärend. Es enthält oft Eingabe- und Auswahlfelder, darüber hinaus Checkboxen und Optionsfelder.

Checkbox	- aktiviert	☑ oder ☒
	- deaktiviert	☐
Optionsfeld	- ausgewählt	⊙
	- nicht ausgewählt	○

Mehr bedarf es an dieser Stelle nicht, um sich die Welt der Excel-Tabellenkalkulation zu erschließen.

1 Einleitung

2 Formeln und Funktionen

2.1 Allgemeines

Mit einem Mausklick (linke Maustaste) in die Ergebnis-Zelle erscheint in der Bearbeitungsleiste die zugehörige Formel.

Mit einem Doppelmausklick (linke Maustaste) in die Ergebnis-Zelle wird die zugehörige Formel unter Kennzeichnung der betreffenden Zellen direkt in der Zelle angezeigt. Bei neueren Excel-Versionen werden die betreffenden Zellen farblich kenntlich gemacht, aus denen die Werte zur Berechnung herangezogen wurden.
Mittels Drücken der Taste `Enter ↵` wird die Anzeige wieder aufgehoben.

Sofern es sich um eine Arrayformel (Formel mit geschweifter Klammer) handelt, wird bei einem Doppelmausklick (linke Maustaste) in die Ergebnis-Zelle die geschweifte Klammer automatisch entfernt.
Deshalb muss zum Aufheben der Anzeige die Tastenkombination `Strg` + `Shift ⇧` + `Enter ↵` gedrückt werden.

2 Formeln und Funktionen

2.1.1 Funktionsassistent

Ab Version Excel XP werden die Argumente für eine Funktion als QuickInfo angezeigt.

Tipp 1: **Den Funktionsassistenten nutzen**

Der Funktionsassistent selbst kann mit nachstehenden Schritten aufgerufen werden:

1. Mausklick (linke Maustaste) in eine freie Zelle, z. B. `'B1'`.
2. In der Menüleiste auswählen: `'Formeln'` → `'Funktion einfügen'`.
3. Im Feld `'Funktion suchen'` Eingabe der gewünschten Funktion, z. B. `'Verweis'`.
4. Mausklick (linke Maustaste) auf die Schaltfläche `'OK'`.
5. Mausklick (linke Maustaste) auf die gewünschte Funktion.
6. Mausklick (linke Maustaste) auf die Schaltfläche `'OK'`.
7. Falls mehrere Syntaxversionen vorliegen, mittels Mausklick (linke Maustaste) die gewünschte auswählen und Mausklick (linke Maustaste) auf die Schaltfläche `'OK'`.

2 Formeln und Funktionen

8. Eingabe der Argumente und Mausklick (linke Maustaste) auf die Schaltfläche 'OK'.

Tipp 2: **Ergänzen der Argumente**

1. Eingabe der Funktion mit geöffneter Klammer, z. B.
   =Summewenn(
2. Die Tastenkombination Strg + Shift ⇧ + A drücken.
   Die Argumente werden ergänzt.

Tipp 3: **Starten des Funktionsassistenten**

1. Eingabe der Funktion mit geöffneter Klammer, z. B.
   =Summewenn(
2. Die Tastenkombination Strg + A drücken.
   Der Funktionsassistent wird mit der eingegebenen Formel gestartet.

2.1.2 Kopieren einer Formel

Mit nachstehenden Schritten können gleiche Formeln für lange Zahlenkolonne eingeben werden:

Variante 1: Eingabe mittels Ziehen am Ausfüllkästchen

1. Mausklick (linke Maustaste) in die erste Zelle, in welcher die Formel einzugeben ist.
2. Eingabe der Formel.
3. Mausklick (linke Maustaste) auf das grüne Häkchen in der Bearbeitungsleiste.
4. Mausklick (linke Maustaste) auf die Zelle mit der eingegebenen Formel.
5. Mausklick (linke Maustaste) auf die untere rechte Zellecke (Mauszeiger wird als Kreuz dargestellt) und mit gedrückter linker Maustaste die Formel nach unten, oben, links oder rechts weiterziehen. *Die Formel wird automatisch in die andere Zelle übertragen und an die neue Position entsprechend angepasst.*

Variante 2: Eingabe mittels Doppelmausklick auf das Ausfüllkästchen

1. Mausklick (linke Maustaste) in die erste Zelle, in welcher die Formel einzugeben ist.

2. Eingabe der Formel.
3. Doppelmausklick (linke Maustaste) auf das Ausfüllkästchen in der unteren rechten Zellecke.
Die Formel wird jetzt so lange nach unten fortgeschrieben und an die veränderte Position angepasst wie in der unmittelbar links angrenzenden Spalte Einträge vorhanden sind.

2.1.3 Arrayformel (Matrixformel)

Eine Arrayformel (Formel mit geschweifter Klammer) kann wie folgt eingegeben werden:

1. Eingabe der kompletten Formel (ohne geschweifte Klammer).
2. Die Tastenkombination `Strg` + `Shift ⇧` + `Enter ⏎` drücken.

2.1.4 Wechsel zwischen Formel und Ergebnis

Bei einer aktivierten Ergebnis-Zelle wird die Formel in der Bearbeitungszeile angezeigt. Mit nachstehenden Schritten kann die Formel auch innerhalb der Excel-Tabelle angezeigt werden.

2 Formeln und Funktionen

Variante 1:

1. Das betreffende Tabellenblatt öffnen.
2. In der Menüleiste auswählen: `'Datei'` → `'Optionen'`.
3. Mausklick (linke Maustaste) auf: `'Erweitert'`.
4. Im Abschnitt `'Optionen für dieses Arbeitsblatt anzeigen'` die Option `'Anstelle der berechneten Werte Formeln in Zellen anzeigen'` aktivieren.
5. Mausklick (linke Maustaste) auf die Schaltfläche `'OK'`.

Variante 2:

1. Aktivieren der betreffenden Ergebnis-Zelle.
2. Taste F2 drücken.

2.1.5 Formeln drucken

Falls keine Formeln im Tabellenblatt angezeigt werden:

1. Das betreffende Tabellenblatt öffnen.
2. In der Menüleiste auswählen: `'Datei'` → `'Optionen'`.
3. Mausklick (linke Maustaste) auf: `'Erweitert'`.

4. Im Abschnitt *'Optionen für dieses Arbeitsblatt anzeigen'* die Option *'Anstelle der berechneten Werte Formeln in Zellen anzeigen'* aktivieren.
5. Mausklick (linke Maustaste) auf die Schaltfläche *'OK'*.
   Damit werden die Formeln im Tabellenblatt angezeigt.
6. In der Menüleiste auswählen: *'Datei'* → *'Drucken'*.
7. Im Feld *'Drucker'* Auswahl des gewünschten Druckers.
8. Mausklick (linke Maustaste) auf die Schaltfläche *'Drucken'*.

2.1.6 Zellbezüge absolut / gemischt / relativ

Relative Bezüge

Relative Bezüge werden von Excel beim Kopieren / Verschieben einer Formel an die neue Position angepasst.

Beispiel: aus =A1+5 kann werden =A2+5

2 Formeln und Funktionen

Absolute Bezüge

Absolute Bezüge (Zeile und Spalte der Zelle werden in Dollarzeichen gesetzt) orientieren sich an einer bestimmte Zelle und werden nicht automatisch angepasst.

Beispiel: =$A$1+5 bleibt =$A$1+5

> Variante 1: Absolute Bezüge mittels direkte Eingabe
> 1. Eingabe des Zellbezuges mit $, z. B. $A$1
>
> Variante 2: Absolute Bezüge mittels Namenvergabe in Eingabezeile
> 1. Mausklick (linke Maustaste) in die betreffende Zelle.
> 2. Mausklick (linke Maustaste) in das Namenfeld.
> 3. Einen beliebigen Namen eingeben, z. B. 'Test'.
> 4. Taste Enter ↵ drücken.
> *Nun kann bei der Eingabe einer Formel alternativ zu einer Zellenangabe der vergebene Name verwendet werden, z. B. =Test+5.*

Variante 3: Absolute Bezüge mittels Namenvergabe in der Menüleiste

1. Mausklick (linke Maustaste) in die betreffende Zelle.
2. In der Menüleiste auswählen: `'Formeln'` → `'Namen definieren'`.
3. Im Feld `'Name'` Eingabe eines beliebigen Namens.
4. Im Feld `'Bezieht sich auf'` wurde die Zellangabe automatisch übernommen, z. B. `=Tabelle3!$A$2`. Ggf. sind Anpassungen vorzunehmen.
5. Mausklick (linke Maustaste) auf die Schaltfläche `'OK'`.

   Nun kann bei der Eingabe einer Formel alternativ zu einer Zellenangabe der vergebene Name verwendet werden, z. B. `=Test1+5`.

Gemischte Bezüge

Bei gemischten Bezügen wird nur ein Teil absolut gesetzt, der andere würde an die neue Position angepasst werden.

Beispiel: Spalte absolut / Zeile relativ

aus `=$A1+5` kann werden `=$A2+5`

2 Formeln und Funktionen

<u>Beispiel</u>: Spalte relativ / Zeile absolut

aus =A$1+5 kann werden =B$1+5

Wechsel der Zellbezüge absolut / gemischt / relativ

1. Die betreffende Zelle markieren.
2. Mausklick (linke Maustaste) in die Bearbeitungszeile hinter den Bezug, der geändert werden soll.
3. Taste F4 drücken:
   1 x F4 = Spalte absolut / Zeile absolut
   2 x F4 = Spalte relativ / Zeile absolut
   3 x F4 = Spalte absolut / Zeile relativ
   4 x F4 = Spalte relativ / Zeile relativ

2.1.7 Grundsätzlicher Bezug

=INDIREKT( )

Sofern sich Formeln bspw. grundsätzlich auf die Zelle 'A1' beziehen sollen, kann mit der Funktion =INDIREKT( ) gearbeitet werden.

Eingabe der Formel:

z. B.   =INDIREKT("A1")+B1
statt   =A1+B1

2 Formeln und Funktionen

<u>Beispiel</u>: Formel =A1+B1

Beim Kopieren der Formel mittels Mausklick (linke Maustaste) und Ziehen auf die auszufüllenden Zellen, passt sich die Formel automatisch an die Zellen an.

	A	B	Formel in C	Ergebnis
1	10	15	=A1+B1	25
2	20	25	=A2+B2	45
3	30	35	=A3+B3	65

<u>Beispiel</u>: Formel =INDIREKT("A1")+B1

Beim Kopieren der Formel mittels Mausklick (linke Maustaste) und Ziehen auf die auszufüllenden Zellen, passt sich die Formel nur an die Zellen, die nicht in der Klammer enthalten sind, automatisch an.

	A	B	Formel in C	Ergebnis
1	10	15	=INDIREKT("A1")+B1	25
2	20	25	=INDIREKT("A1")+B2	45
3	30	35	=INDIREKT("A1")+B3	65

2.1.8 Formelteile ändern

Mit nachstehenden Schritten kann nach Teilstücken von Formeln gesucht und diese geändert werden.

1. In der Menüleiste auswählen: `'Start'` → `'Suchen und Auswählen'` → `'Ersetzen...'`.
2. In dem sich öffnenden Dialogfenster im Feld `'Suchen nach'` Eingabe des zu suchenden Formelteils, z. B. die Zelle `'A1'`.
3. Im Feld `'Ersetzen durch'` Eingabe der Zelle, die statt der gesuchten Zelle innerhalb der Formel verwendet werden soll, z. B. `'B1'`.
4. Mausklick (linke Maustaste) auf die Schaltfläche `'Weitersuchen'`.
   Es wird jeweils das nächstgelegene Teilstück markiert, in dem die Zelle `'A1'` vorhanden ist.
5. Bei Erreichen des zu ändernden Teilstücks: Mausklick (linke Maustaste) auf die Schaltfläche `'Ersetzen'`.
6. Mausklick (linke Maustaste) auf die Schaltfläche `'Schließen'`.

2.1.9 Formeln durch Festwerte ersetzen

1. Markieren des Bereiches, in welchem die Formeln durch Festwerte ersetzt werden sollen.
2. Mausklick (rechte Maustaste) auf den rechten Rand des Bereiches und bei gedrückter Maustaste eine Spalte nach links und anschließend auf die alte Position zurückziehen.
   Es öffnet sich das Kontextmenü.
3. Mausklick (linke Maustaste) auf den Eintrag `'Hierhin nur als Werte kopieren'`.

2.1.10 Berechnungen

In Excel sind die Eingabe und die Darstellung von Zahlen zu unterscheiden. So gibt es bspw. die Möglichkeit, eine Zahl mit mehreren Nachkommastellen einzugeben, sich jedoch die Zahl mit nur zwei Nachkommastellen anzeigen zu lassen. Damit bei einer Berechnung lediglich die Zahl mit den angezeigten Nachkommastellen herangezogen wird, kann wie folgt vorgegangen werden.

1. Markieren der betreffenden Zellen.
2. In der Menüleiste auswählen: `'Datei'` → `'Optionen'` → `'Erweitert'`.

2 Formeln und Funktionen

3. Im Abschnitt *'Beim Berechnen für diese Arbeitsmappe'* mittels Mausklick (linke Maustaste): Aktivieren der Option *'Genauigkeit wie angezeigt'*.
4. Mausklick (linke Maustaste) auf die Schaltfläche *'OK'*.

   Jetzt wird für eine Berechnung die Zahl mit den angezeigten Nachkommastellen herangezogen.

2.1.11 Tabellenblattname in Zelle anzeigen

1. Mausklick (linke Maustaste) in die gewünschte Zelle.
2. Eingabe der Formel:
   =RECHTS(ZELLE("Dateiname");
   LÄNGE(ZELLE("Dateiname"))
   -FINDEN("]";ZELLE
   ("Dateiname")))

Hinweis: Die Arbeitsmappe muss zuvor gespeichert worden sein.

2 Formeln und Funktionen

2.1.12 Fehler

Fehlerdarstellung

Darstellung	Beschreibung
####	– Formelergebnis ist für die Zelle zu breit. – Formel für Datums- und / oder Uhrzeitangaben liefert negatives Ergebnis.
#BEZUG!	– Formel bezieht sich auf eine nachträglich gelöschte Zelle. – Formel bezieht sich auf eine nicht vorhandene externe Datei.
#DIV/0!	– Formel beinhaltet die nicht gestattete Division durch '0'. – Formel bezieht sich auf eine leere Zelle durch die geteilt werden soll.
#NAME?	– Formel beinhaltet Text, dem kein Bereich zugeordnet wurde.
#NULL!	– Formel bezieht sich auf eine leere Schnittmenge (Schnittmenge = Zellen, die sich bei der Angabe von Zeilen und Spaltenbezug überschneiden).

2 Formeln und Funktionen

#NV	– Formel bezieht sich auf einen nicht vorhandenen Wert.
#WERT!	– Formel beinhaltet falschen Datentyp (bspw. statt einer Zahl einen Textwert). – Matrixformel wurde ohne geschweifte Klammer eingegeben.
#ZAHL!	– Formelergebnis ist unbrauchbar (zu groß oder zu klein).

Fehlerprüfung

Variante 1: Manuelle Fehlerprüfung

1. Mausklick (linke Maustaste) in eine beliebige Zelle.
2. In der Menüleiste auswählen: `'Formeln'` → `'Fehlerüberprüfung'` → `'Fehlerüberprüfung ...'`.
3. In dem sich öffnenden Dialogfenster mittels Mausklick (linke Maustaste) wunschgemäße Fehlerbehandlung und anschließend Mausklick (linke Maustaste) auf die Schaltfläche `'Weiter'`. (Die Schritte wiederholen, bis die Bearbeitung abgeschlossen ist.)
4. Mausklick (linke Maustaste) auf die Schaltfläche `'OK'`.

Variante 2: Automatische Fehlerprüfung im Hintergrund (ab Excel XP)

1. Mausklick (linke Maustaste) in eine beliebige Zelle.
2. In der Menüleiste auswählen: `'Formeln'` → `'Fehlerüberprüfung'` → `'Fehlerüberprüfung ...'`.
3. In dem sich öffnenden Dialogfenster: Mausklick (linke Maustaste) auf die Schaltfläche `'Optionen...'` → `'Formeln'`.
4. Im Abschnitt `'Fehlerüberprüfung'` mittels Mausklick (linke Maustaste) Aktivieren der Option `'Fehlerüberprüfung im Hintergrund aktivieren'` sowie gewünschte Farbe auswählen.
5. Mausklick (linke Maustaste) auf die Schaltfläche `'OK'`.

   Kommt es nun zu einem fehlerhaften Formelergebnis, wird die Zelle automatisch markiert.

Hinweis: Wenn eine vor der Aktivierung der automatischen Fehlerprüfung erstellte Datei geöffnet wird, führt Excel im Hintergrund die Fehlerprüfung automatisch durch. Alle Zellen mit möglichen Problemen

2 Formeln und Funktionen

werden in der linken oberen Zellecke grün (oder in anderer angegebenen Farbe) markiert.

Variante 3: Fehlerprüfung durch Teilberechnung

1. Mausklick (linke Maustaste) in die betreffende Zelle.
2. Taste F2 drücken.
3. Markieren der ersten mathematischen Verknüpfung, z. B. erste Summe.
4. Taste F9 drücken.
   Nun berechnet Excel nur den markierten Formelteil. Bei Richtigkeit wird der Teil in einen Wert umgewandelt, bei einem Fehler wird ein Hinweis ausgegeben.
5. Markieren der nächsten mathematischen Verknüpfung.
6. Taste F9 drücken.
   Den Vorgang bis zum Ende der Formel wiederholen. Mit der Taste Esc kann die Fehlerprüfung in der Zelle beendet werden.

Hinweis:

Taste Esc: Werte werden wieder als Formelteile dargestellt.

Taste Enter ↵: Werte werden fest in die Formel integriert.

2 Formeln und Funktionen

Fehlerbeseitigung – Leerzeichen

<u>Beispiel</u>: Störende Leerzeichen am Anfang oder Ende einer Zelle entfernen

1. Mittels Mausklick (linke Maustaste) in eine freie Zelle, z. B. `'B1'`.
2. Eingabe der Formel:
   `=Glätten(A1)`

<u>Beispiel</u>: Störende Leerzeichen in einer Zelle entfernen

1. Mittels Mausklick (linke Maustaste) in eine freie Zelle, z. B. `'B1'`.
2. Eingabe der Formel:
   `=WECHSELN(A1;" ";"")`

Fehlerwerte ausweisen

<u>Tipp</u> 1: **Funktion ISTFEHLER( )**

Enthält eine Formel einen Fehler, wird in der fehlerhaften Zelle ein Fehlerwert (bspw. `'#DIV/0!'`) ausgegeben. Mit der Funktion `ISTFEHLER( )` kann das vermieden werden.

2 Formeln und Funktionen

Beispiel: Fehlerwert als '0' anzeigen.

Der Inhalt der Zelle 'A1' soll durch den Inhalt der Zelle 'B1' dividiert werden. Sofern es bei der Berechnung zu einem Fehler kommt (bspw. bei der Division durch Null), soll in der Ergebniszelle eine '0' ausgegeben werden.

1. In Zelle 'A1' Eingabe einer Zahl.
2. In Zelle 'B1' Eingabe einer Zahl.
3. Markieren der Ergebniszelle 'C1'.
4. Eingabe der Formel:
   =WENN(ISTFEHLER(A1/B1);0;A1/B1)

Wenn nun bei der Division der Zahl aus der Zelle 'A1' durch die aus der Zelle 'B1' ein Fehlerwert auftritt, wird in der Ergebniszelle gemäß der Formel (0) eine '0' ausgewiesen.

Beispiel: Fehlerwert als 'leere Zelle' anzeigen.

Der Inhalt der Zelle 'A1' soll durch den Inhalt der Zelle 'B1' dividiert werden. Sofern es bei der Berechnung zu einem Fehler kommt (bspw. bei der Division durch Null), soll in der Ergebniszelle eine '0' ausgegeben werden.

2 Formeln und Funktionen

1. In Zelle 'A1' Eingabe einer Zahl.
2. In Zelle 'B1' Eingabe einer Zahl.
3. Markieren der Ergebniszelle 'C1'.
4. Eingabe der Formel:
   =WENN(ISTFEHLER(A1/B1);
   "";A1/B1)

Wenn nun bei der Division der Zahl aus der Zelle 'A1' durch die aus der Zelle 'B1' ein Fehlerwert auftritt, bleibt die Ergebniszelle gemäß der Formel ("") leer.

<u>Tipp</u> 2: **Funktion WENN( ), Fehlerwert als '0' anzeigen**

1. In Zelle 'A1' Eingabe einer Zahl.
2. In Zelle 'B1' Eingabe einer Zahl.
3. Markieren der Ergebniszelle 'C1'.
4. Eingabe der Formel:
   =WENN(B1<>0;A1/B1;)

Wenn nun bei der Division der Zahl aus der Zelle 'A1' durch die aus der Zelle 'B1' ein Fehlerwert auftritt, wird in der Ergebniszelle gemäß der Formel (0) eine '0' ausgewiesen.

2 Formeln und Funktionen

<u>Tipp</u> 3: **Fehlerwert der Ergebniszeile ausblenden**

1. Markieren der Ergebniszelle.
2. Mausklick (rechte Maustaste).
3. In dem sich öffnenden Kontextmenü: Mausklick (linke Maustaste) auf `'Zellen formatieren...'`.
4. In dem sich öffnenden Dialogfenster: Auswahl der Registerkarte `'Schrift'`.
5. Im Feld `'Farbe'` die gleiche Farbe wie der Hintergrund der Ergebniszelle auswählen (bspw. weiße Schriftfarbe auf weißem Hintergrund auswählen).
6. Mausklick (linke Maustaste) auf die Registerkarte `'Zahlen'`.
7. Im Feld `'Kategorie'` Auswahl des Eintrages `'Benutzerdefiniert'`.
8. Im Feld 'Typ' Eingabe des Formats: `[Schwarz]Standard`
9. Mausklick (linke Maustaste) auf die Schaltfläche `'OK'`.

   Nun werden alle Fehlerwerte, z. B. `'#DIV/0!'` in der Hintergrundfarbe und alle Nicht-Fehlerwerte schwarz dargestellt.

Tipp 4: **Fehlerwerte nachträglich entfernen**

1. Mausklick (linke Maustaste) in eine beliebige Zelle.
2. Taste `F5` drücken.
3. In dem sich öffnenden Dialogfenster: Mausklick (linke Maustaste) auf die Schaltfläche `'Inhalte...'`.
4. Mittels Mausklick (linke Maustaste) Aktivieren der Option `'Formeln'` und der Checkbox `'Fehler'`.
5. Mausklick (linke Maustaste) auf die Schaltfläche `'OK'`.
   Es werden alle Ergebniszellen mit Fehlerwerten markiert.
6. Taste `Entf` drücken.

2.2 Formelüberwachung (Detektiv)

Mit blau gefärbten Spurpfeilen zeigt die Funktion `'Formelüberwachung'` die Beziehung von Zellen zu einer Formel an.

1. Mausklick (linke Maustaste) auf die betreffende Zelle, die eine Formel enthält.
2. In der Menüleiste auswählen: `'Formeln'`.

2 Formeln und Funktionen

3. Mittels Mausklick (linke Maustaste) bei '*Formelüberwachung*' Auswahl der gewünschten Anzeige treffen:
   a. '*Spur zum Vorgänger*'
   b. '*Spur zum Nachfolger*'
   c. '*Fehlerüberprüfung*' → '*Spur zum Fehler*'

   Die Beziehungslinien werden angezeigt.
4. In der Menüleiste auswählen: '*Formeln*'.
5. Mittels Mausklick (linke Maustaste) bei '*Formelüberwachung*' Auswahl der gewünschten Anzeige treffen:
   a. '*Pfeile entfernen*'
   b. '*Pfeile entfernen*' → '*Spur zum Vorgänger*'
   c. '*Pfeile entfernen*' → '*Spur zum Nachfolger*'

   Die Beziehungslinien werden wieder gelöscht.

Hinweis: Die Funktionalität '*Formelüberwachung*' heißt in Vorgängerversionen '*Detektiv*'.

2.3 Rechenoperationen

2.3.1 Grundberechnungen

Mit Hilfe von Microsoft® Excel sind Berechnungen problemlos möglich. Dabei können mehrere Rechenoperationen in einer Formel vereinigt werden. Da Punktrechnung stets vor Strichrechnung geht, ist es notwendig, auf die richtige Klammersetzung zu achten.

<u>Beispiel</u>:

Formel:	=1+2*3	Ergebnis:	7
	=(1+2)*3		9

1. Mausklick (linke Maustaste) in die gewünschte Zelle.
2. Eingabe der entsprechenden Formel.

+	Addition
-	Subtraktion
*	Multiplikation
/	Division
.	Dezimaltrennzeichen (z. B. 10.00)
:	Bereichstrennzeichen (z. B. A1:A3)

2 Formeln und Funktionen

	A	B	C	D	E
1	Rechenart	Zahl 1	Zahl 2	Zahl 3	Formel
2	Addition	1	2		=B2+C2 Ergebnis: 3
3	Addition	1	2	3	=SUMME(B3:D3) Ergebnis: 6
4	Subtraktion	1	2		=B4-C4 Ergebnis: -1
5	Multiplikation	1	2		=B5*C5 Ergebnis: 2
6	Division	1	2		=B6/C6 Ergebnis: 0,5

2.3.2 Teilberechnungen

Große Bereiche können zu mehreren Zwischensummen zusammengefasst werden. Dafür bietet Excel die Funktionalität 'Teilergebnisse'.

Tipp 1: **Teilberechnung für Spaltenwerte**

Beispiel: Sortieren – Gruppieren – Addieren

1. Markieren der Spalten, die sortiert werden sollen.
2. In der Menüleiste auswählen: 'Daten' → 'Sortieren'.

3. In dem sich öffnenden Dialogfenster das Sortierkriterium sowie die Reihenfolge (aufsteigend / absteigend) eingeben. (Mittels Mausklick (linke Maustaste) auf das Listenfeld der betreffenden Spalte und Auswahl des gewünschten Kriteriums.)
4. Mausklick (linke Maustaste) auf die Schaltfläche 'OK'.
   Dem Sortierkriterium entsprechend sind nun die Daten sortiert.
5. Markieren der zu einem Teilergebnis zusammenzufassenden Daten inklusive Überschrift, z. B. Spalten 'A' und 'B'.
6. In der Menüleiste auswählen: 'Daten' → 'Teilergebnis'.
7. Im Feld 'Gruppieren nach' Auswahl des gewünschten Kriteriums, z. B. 'Artikel'.
8. Im Feld 'Unter Verwendung von' Auswahl der gewünschten mathematischen Funktion, z. B. 'Summe'.
9. Im Feld 'Teilergebnisse addieren zu' Auswahl, auf welche Spalte die Berechnung angewandt werden soll, z. B. 'Anzahl'.
10. Mausklick (linke Maustaste) auf die Schaltfläche 'OK'.

2 Formeln und Funktionen

	A	B
1	Anzahl	Artikel
2	1	10
3	1	20
4	1 Ergebnis	30
5	2	5
6	2	5
7	2	10
8	2 Ergebnis	20
9	Gesamtergebnis	50

Tipp 2: **Teilberechnung für Formelwerte**

Beispiel: Teilberechnung bei Formeleingabe

1. Mausklick (linke Maustaste) in eine leere Zelle.
2. Eingabe der betreffenden Formel, z. B.
   =(1+2*3)+400 (**Nicht** Enter ↵ drücken!)
3. Markieren des Klammerbereichs.
4. Taste F9 drücken. (Zellergebnis: =7+400)
5. Taste Enter ↵ drücken. (Zellergebnis: = 407)

Beispiel: Teilberechnung für eine vorhandene Formelzelle

1. Doppelmausklick (linke Maustaste) in die betreffende Formelzelle, z. B. =(1+2*3)+400
2. Markieren des Klammerbereichs.
3. Taste F9 drücken. (Zellergebnis: =7+400)

2 Formeln und Funktionen

4. Taste `Enter ↵` drücken. (Zellergebnis: = 407)

Mit gefilterten Werten rechnen

Wenn eine Filterung von Daten stattfand und nur die angezeigten Werte in eine Berechnung einbezogen werden sollen, kann auf die Funktion `=TEILERGEBNIS( )` zurückgegriffen werden.

1. Markieren der Spalten, bei denen eine AutoFilter-Funktion hinterlegt werden soll.
2. In der Menüleiste auswählen: `'Daten'` → `'Filtern'`.
3. Filterung der Daten vornehmen. (Mittels Mausklick (linke Maustaste) auf das Listenfeld der betreffenden Spalte und Auswahl des gewünschten Kriteriums.)
4. Mausklick (linke Maustaste) in eine leere Zelle.
5. Mausklick (linke Maustaste) auf das Symbol `'Autosumme'`. *Excel fügt nun die Funktion* `=TEILERGEBNIS(9;  )` *ein. Der Cursor blinkt hinter dem Semikolon.*
6. Innerhalb der Klammer Eintrag des zu addierenden Bereichs, z. B. `=TEILERGEBNIS(9;C2:C9)`.
7. Taste `Enter ↵` drücken.

2 Formeln und Funktionen

Hinweis:
`=TEILERGEBNIS(Funktion;Bezug1;...)`
Es empfiehlt sich, die Summenzelle oberhalb der Werte zu setzen. Bei einer Erweiterung der Liste wird so die Formel nicht überschrieben.

mit Einbezug von ausgeblendeten Werten		ohne Einbezug von ausgeblendeten Werten	
Code	Funktion	Code	Funktion
1	= Mittelwert	101	= Mittelwert
2	= Anzahl	102	= Anzahl
3	= Anzahl2	103	= Anzahl2
4	= Max	104	= Max
5	= Min	105	= Min
6	= Produkt	106	= Produkt
7	= Stab.w	107	= Stabw
8	= Stabw.n	108	= Stabwn
9	= Summe	109	= Summe
10	= Var.s	110	= Varianz
11	= Var.p	111	= Varianzen

Wenn der Bereich der zu addierenden Zellen reichlich gefasst wurde, muss dieser in der Formel bei Ergänzung der Liste unter Umständen nicht angepasst werden.

Das Argument '9' für 'Teilergebnis' ergibt sich aus folgender Codierung:

2.3.3 Subtraktion (-)

=Minuend-Subtrahend=Differenz

Tipp 1: **Subtraktion mit mehreren Subtrahenden**

1. Mausklick (linke Maustaste) in eine leere Zelle, z. B. 'A5'.
2. Eingabe des Gleichheitszeichen für den Rechenvorgang:
   =
3. Mausklick (linke Maustaste) auf die Zelle des Minuenden, z. B. 'A1'.
   =A1
4. Eingabe des Minuszeichens:
   =A1-
5. Eingabe der Summenformel mit einer geöffneten Klammer:
   =A1-Summe(
6. Markieren aller Subtrahenden, z. B. 'B1', 'B2', 'B3'.
   =A1-Summe(B1:B3
7. Klammer der Formel schließen.
   =A1-Summe(B1:B3)

2 Formeln und Funktionen

8. Taste `Enter ⏎` drücken.

Tipp 2: **Änderung der Position des Minuszeichens (statt hinter der Ziffer vor die Ziffer)**

In manchen Dateien steht bei negativen Zahlen das Minuszeichen hinter der Ziffer. Mit Hilfe einer Formel kann diese Darstellung geändert werden.

1. Mausklick (linke Maustaste) in die betreffende Zelle.
2. Eingabe der Formel:
   `=WENN(RECHTS(A1;1)="-";(-1)`
   `*LINKS(A1;LÄNGE(A1)-1))`

	A	Formel in B	B
1	10-	=WENN(RECHTS(A1;1)= "-";(-1) *LINKS(A1;LÄNGE(A1)-1))	-10
2	15-	=WENN(RECHTS(A2;1)= "-";(-1) *LINKS(A2;LÄNGE(A2)-1))	-15
3	20-	=WENN(RECHTS(A3;1)= "-";(-1) *LINKS(A3;LÄNGE(A3)-1))	-20

2.3.4 Multiplikation (*)

```
=Faktor*Faktor=Produkt
```

<u>Tipp</u> 1: **Mehrere Faktoren miteinander multiplizieren**

<u>Beispiel</u>: A1 = 2 * A2= 3 * A3 = 2

1. Mausklick (linke Maustaste) in eine leere Zelle, z. B. `'A5'`.
2. Eingabe der Formel:
   `=PRODUKT(A1;A2;A3)`
3. Taste `Enter ↵` drücken.

Ergebnis: 12

<u>Tipp</u> 2: **Mehrere Zahlen mit dem gleichen Faktor multiplizieren**

1. Faktor in beliebige Zelle eingeben.
2. Mausklick (linke Maustaste) auf diese Zelle.
3. Tastenkombination `Strg` + `c` drücken (nicht gedrückt halten).
4. Markieren aller Zahlen, die mit dem gewünschten Faktor multipliziert werden sollen.
5. Mausklick (rechte Maustaste).
6. In dem sich öffnenden Kontextmenü: Mausklick (linke Maustaste) auf `'Inhalte einfügen...'`.

2 Formeln und Funktionen

7. In dem sich öffnenden Dialogfenster: Mittels Mausklick (linke Maustaste) Aktivieren der Option `'Multiplizieren'`.
8. Mausklick (linke Maustaste) auf die Schaltfläche `'OK'`.
9. Der eingetragene Faktor (siehe 1.) kann nun wieder gelöscht werden.

Hinweis: Die Formel wird nicht mit übernommen. Eine spätere Zuordnung, woraus das Produkt entstand, ist somit nicht möglich.

2.3.5 Addition (+)

`=Summand+Summand=Summe`

Tipp 1: **Summanden addieren**

Beispiel: A1 = 2 + A2 = 3 + A3 = 2

Variante 1:

1. Mausklick (linke Maustaste) in eine leere Zelle, z. B. `'A5'`.
2. Eingabe der Formel:
   `=SUMME(A1:A3)`
3. Taste $\boxed{\text{Enter} \hookleftarrow}$ drücken.

2 Formeln und Funktionen

Variante 2:

1. Mausklick (linke Maustaste) in eine leere Zelle, z. B. 'A5'.
2. Eingabe der Formel:
   =A1+A2+A3
3. Taste Enter ↵ drücken.

Variante 3:

1. Mausklick (linke Maustaste) in eine leere Zelle unterhalb oder neben die zu addierenden Summanden., z. B. 'A5'.
2. In der Menüleiste auswählen: 'Formeln' → 'AutoSumme'.
   Es werden automatisch die unmittelbar davor stehenden zusammenhängenden Zellen markiert.
3. Taste Strg drücken und gedrückt halten.
4. Mausklick (linke Maustaste) auf alle zusätzlich zu summierenden Zellen.
   Die Summenformel wird automatisch aktualisiert.
5. Taste Enter ↵ drücken.

2 Formeln und Funktionen

<u>Beispiel</u>: Summe nur anzeigen

1. Eingabe der Zahlen.
2. Markieren des zu summierenden Bereichs.
   Die Summe der Zellinhalte wird automatisch in der Statuszeile angezeigt.

Hinweis: In einer Summenformel werden die einzelnen Zellen mittels Semikolon (;) getrennt. In älteren Excel-Versionen erscheint beim Gebrauch eines '+'-Zeichens eine Fehlermeldung.

<u>Beispiel</u>: Summe bei variabler Summenspalte

Wird eine Tabelle vor der Zelle, die die Summe enthält, durch eine weitere Zeile ergänzt, aktualisiert sich die Summenformel unter Umständen nicht automatisch.

1. Mausklick (linke Maustaste) in eine leere Zelle, z. B. `'A5'`.
2. Eingabe der Formel:
   `=SUMME(INDIREKT("A2:A"&ZEILE( )-1))`
3. Taste `Enter ↵` drücken.

Hinweis: Die Formel ist entsprechend der Zelle und Spalte anzupassen.

2 Formeln und Funktionen

Tipp 2: **Negative und positive Zahlen getrennt addieren**

Beispiel für den Bereich `'A2:A5'`

1. Mausklick (linke Maustaste) in eine leere Zelle, z. B. `'A5'`.
2. Eingabe der Formel für negative Zahlen:
   `{=SUMME(($A$2:$A$5<0)*($A$2:$A$5))}`
   (Die geschweiften Klammern werden mit der Tastenkombination Strg *+* Shift ⇧ *+* Enter ↵ *erzielt.)*
3. Mausklick (linke Maustaste) in eine leere Zelle, z. B. `'A6'`.
4. Eingabe der Formel für positive Zahlen:
   `{=SUMME(($A$2:$A$5>0)*($A$2:$A$5))}`
   (Die geschweiften Klammern werden mit der Tastenkombination Strg *+* Shift ⇧ *+* Enter ↵ *erzielt.)*

Hinweis: Die geschweifte Klammer ist nicht mit einzugeben, stattdessen ist die Eingabe der Formel mit der Tastenkombination Strg *+* Shift ⇧ *+* Enter ↵ *abzuschließen.*

2 Formeln und Funktionen

<u>Tipp</u> 3: **Summe mit Text in der Ergebniszelle ausweisen**

1. Mausklick (linke Maustaste) in eine leere Zelle, z. B. `'A5'`.
2. Eingabe der Formel:
   `="Summe" & SUMME(A2:A5)`
3. Taste `Enter ↵` drücken.

Hinweis: Der gewünschte Text ist in Anführungszeichen anzugeben.

<u>Tipp</u> 4: **Nullwerte im Summenergebnis nicht anzeigen**

1. Mausklick (linke Maustaste) in eine leere Zelle, z. B. `'A5'`.
2. Eingabe der Formel:
   `=WENN(SUMME(A1:A4)=0;"";SUMME(A1:A4))`
3. Taste `Enter ↵` drücken.

= SUMMEWENN( )

=SUMMWENN(Bereich;
Suchkriterien;Summe_Bereich)

Unter Verwendung von Microsoft® Excel können Berechnungen durchgeführt werden. Dabei können einzelne Rechenschritte mit Bedingungen verknüpft sein.

Erläuterung zur Formel:

- Bereich: Zellbereich der Suchkriterien. Beispiel: *A2:A4*
- Suchkriterien: Zu suchende Kriterien. Mathematische Vergleichsoperatoren sind in Anführungszeichen zu setzen. Beispiel: *"<31.12.2004"* aber *E2*
- Summe_Bereich: Zellbereich der zu addierenden Daten. Beispiel: *B2:B4*

Beispiel: Ermitteln des Gesamt-Bestandes 2014

1. Mausklick (linke Maustaste) in eine freie Zeile, z. B. *'D9'*.
2. Eingabe der Formel:
=SUMME-
WENN(C2:C7;"<31.12.2014";D2:D7)

2 Formeln und Funktionen

	A	B	C	D	E
1	Buch	Preis	Datum	Bestand	Suche
2	1	10,00	24.01.14	100	1
3	2	20,00	26.02.14	- 50	
4	3	30,00	24.03.14	200	
5	4	40,00	20.05.14	300	
6	5	50,00	13.09.14	400	
7	1	10,00	30.09.14	50	
8					
9	Gesamt-Bestand 2014:			1000	

<u>Beispiel</u>: Ermitteln des Gesamt-Bestandes (positiv)

1. Mausklick (linke Maustaste) in eine freie Zeile, z. B. *'D9'*.
2. Eingabe der Formel:
   =SUMMEWENN(D2:D7;">0")

	A	B	C	D	E
1	Buch	Preis	Datum	Bestand	Suche
2	1	10,00	24.01.14	100	1
3	2	20,00	26.02.14	- 50	
4	3	30,00	24.03.14	200	
5	4	40,00	20.05.14	300	
6	5	50,00	13.09.14	400	
7	1	10,00	30.09.14	50	
8					
9	Gesamt-Bestand (positiv):			1050	

2 Formeln und Funktionen

Beispiel: Ermitteln des Bestandes mit Preis >35,00

1. Mausklick (linke Maustaste) in eine freie Zeile, z. B. *'D9'*.
2. Eingabe der Formel:
   =SUMMEWENN(B2:B7;">35";D2:D7)

	A	B	C	D	E
1	Buch	Preis	Datum	Bestand	Suche
2	1	10,00	24.01.14	100	1
3	2	20,00	26.02.14	- 50	
4	3	30,00	24.03.14	200	
5	4	40,00	20.05.14	300	
6	5	50,00	13.09.14	400	
7	1	10,00	30.09.14	50	
8					
9	Bestand mit Preis > 35,00:			700	

Beispiel: Ermitteln des Bestandes mit Preis > *'B2'*

1. Mausklick (linke Maustaste) in eine freie Zeile, z. B. *'D9'*.
2. Eingabe der Formel:
   =SUMMEWENN(B2:B7;">"&B2;D2:D7)

2 Formeln und Funktionen

	A	B	C	D	E
1	Buch	Preis	Datum	Bestand	Suche
2	1	10,00	24.01.14	100	1
3	2	20,00	26.02.14	- 50	
4	3	30,00	24.03.14	200	
5	4	40,00	20.05.14	300	
6	5	50,00	13.09.14	400	
7	1	10,00	30.09.14	50	
8					
9	Bestand mit Preis > B2:			850	

Beispiel: Ermitteln des Bestandes < (Tages)datum

1. Mausklick (linke Maustaste) in eine freie Zeile, z. B. `'D9'`.
2. Eingabe der Formel:
   `=SUMMEWENN(C2:C7;"<"&HEUTE();D2:D7)`

	A	B	C	D	E
1	Buch	Preis	Datum	Bestand	Suche
2	1	10,00	24.01.14	100	1
3	2	20,00	26.02.14	- 50	
4	3	30,00	24.03.14	200	
5	4	40,00	20.05.14	300	
6	5	50,00	13.09.14	400	
7	1	10,00	30.09.14	50	
8					
9	Bestand < 08.03.2014:			250	

2 Formeln und Funktionen

Beispiel: Ermitteln des Gesamt-Bestandes Buch 1

1. Mausklick (linke Maustaste) in eine freie Zeile, z. B. `'D9'`.
2. Eingabe der Formel:
   `=SUMMEWENN(A2:A7;E2;D2:D7)`

	A	B	C	D	E
1	Buch	Preis	Datum	Bestand	Suche
2	1	10,00	24.01.14	100	1
3	2	20,00	26.02.14	- 50	
4	3	30,00	24.03.14	200	
5	4	40,00	20.05.14	300	
6	5	50,00	13.09.14	400	
7	1	10,00	30.09.14	50	
8					
9	Gesamt-Bestand Buch 1:			150	

Erläuterung zur Formel:

Gibt es eine Übereinstimmung im Bereich `'A2:A7'` zu `'E2'`, dann `'D2:D7'` summieren.

Tipp 1: **=SUMMEWENN** mit Hilfe des Funktionsassistenten

Beispiel: Addieren von Werten einer Spalte, die den Wert 20 übersteigen

1. Mausklick (linke Maustaste) in eine freie Zelle.

2 Formeln und Funktionen

2. Eingabe der Funktion mit geöffneter Klammer, z. B.
   =SUMMEWENN(
3. Die Tastenkombination ⌷Strg⌷ + ⌷A⌷ drücken.
   Der Funktionsassistent wird mit der eingegebenen Formel gestartet.
4. In dem sich öffnenden Dialogfenster: Im Feld 'Bereich' Eingabe des Bereiches, der durchsucht werden soll (z. B. B2:B8).
5. Im Feld 'Suchkriterien' Eingabe des Suchkriteriums (z. B. ">20").
6. Im Feld 'Summe_Bereich' Eingabe des Bereichs, der unter Beachtung des Suchkriteriums addiert werden soll (z. B. D2:D7).
7. Mausklick (linke Maustaste) auf die Schaltfläche 'OK'.

Tipp 2: **=SUMMEWENN** mit einer Hilfstabelle

Beispiel: Addieren von Werten einer Spalte, die den Wert 20 übersteigen und den Wert 50 unterschreiten

1. Mausklick (linke Maustaste) in eine freie Spalte, z. B. Spalte 'A'.
2. Eingabe der Werte für den ersten Bereich.
   (Diese werden gemäß Bedingung durchsucht.)
3. Mausklick (linke Maustaste) in eine freie Spalte, z. B. Spalte 'B'.

4. Eingabe der Werte für den zweiten Bereich. *(Diese werden gemäß Bedingung addiert.)*
5. Mausklick (linke Maustaste) in eine freie Spalte, z. B. Spalte `'C'`.
6. Eingabe der Formel:
   `=WENN(UND(A2>20;A2<50);1;"")`
   Gemäß der Bedingung wird die Spalte `'A'` durchsucht und sofern ein Wert > 20, jedoch < 50 ist, in der Spalte `'C'` eine `'1'` ausgewiesen.
7. Mausklick (linke Maustaste) in die Zelle, in der das Endergebnis stehen soll.
8. Eingabe der Formel:
   `=SUMMEWENN(C2:C7;1;B2:B7)`
9. Gemäß der Bedingung werden alle Werte der Spalte `'B'` addiert, die zuvor die Bedingung 1 erfüllten.

2 Formeln und Funktionen

	A	B		C	Formel in D	D
1	Preis	Be-stand	Formel in C		Formel in D	Ergeb-nis
2	10	100	=WENN(UND(A2>20;A2<50);1;"")			
3	20	-50	=WENN(UND(A3>20;A3<50);1;"")			
4	30	200	=WENN(UND(A4>20;A4<50);1;"")	1		
5	40	300	=WENN(UND(A5>20;A5<50);1;"")	1		
6	50	400	=WENN(UND(A6>20;A6<50);1;"")			
7	10	50	=WENN(UND(A7>20;A7<50);1;"")			
8					=SUMMEWENN(C2:C7;1;B2:B7)	500

2.4 Anzahl / Zählen

Mit nachstehenden Schritten kann die Anzahl von Zeichen ermittelt werden. Dabei sind drei wesentliche Funktionen zu unterscheiden:

=ANZAHL( )
=Anzahl(Bereich)

Beispiel: =Anzahl(A1:A7)

- zählt: alle Zahlen und Dateneinträge
- zählt nicht: Text, Fehlerwerte und leere Zellen

=ANZAHL2( )
=Anzahl2(Bereich)

Beispiel: =Anzahl2(B1:B13)

- zählt: alle Zahlen, Texte, Dateneinträge und Fehlerwerte
- zählt nicht: leere Zellen

=ZÄHLENWENN( )
=Zählenwenn(Bereich;Kriterium)

2 Formeln und Funktionen

Beispiel: =Zählenwenn(B1:B12;B13)

- zählt: alle Dateneinträge nach bestimmten Kriterien
- zählt nicht: leere Zellen

Tipp 1: **Anzahl der nur mit Zahlen belegten Zellen anzeigen**

Beispiel: Anzahl der Einträge in Spalte 'C'

1. Mausklick (linke Maustaste) in eine freie Zelle, z. B. 'D9'.
2. Eingabe der Formel:
   =Anzahl(C1:C8)

	A	B	C		D
1	Buch	Preis	Bestand	Formel in D	Ergebnis
2	1	10	100		
3	2	20	-50		
4	3	30	200		
5	4	40	300		
6	5	50	400		
7	1	10	50		
8					
9				=Anzahl(C1:C8)	6

2 Formeln und Funktionen

Tipp 2: **Anzahl nicht leerer Zellen anzeigen**

Beispiel: Anzahl der Einträge in Spalte `'C'`

1. Mausklick (linke Maustaste) in eine freie Zelle, z. B. `'D9'`.
2. Eingabe der Formel:
   `=Anzahl2(C1:C8)`

	A	B	C	Formel in D	D
1	Buch	Preis	Bestand	Formel in D	Ergebnis
2	1	10	100		
3	2	20	-50		
4	3	30	200		
5	4	40	300		
6	5	50	400		
7	1	10	50		
8					
9				=Anzahl2(C1:C8)	7

Tipp 3: **Anzahl der Zellen mit einem Texteintrag anzeigen**

Beispiel: Anzahl der Texteinträge in einem Bereich

1. Mausklick (linke Maustaste) in eine freie Zelle, z. B. `'D9'`.
2. Eingabe der Formel:
   `=ZÄHLENWENN(A1:C8;"*")`

2 Formeln und Funktionen

	A	B	C	Formel in D	D
1	Buch	Preis	Bestand	Formel in D	Ergebnis
2	1	10	100		
3	2	20	-50		
4	3	30	200		
5	4	40	300		
6	5	50	400		
7	1	10	50		
8					
9				=ZÄHLENWENN(A1:C8;"*")	3

<u>Beispiel</u>: Anzahl der Worteinträge in einem Bereich, z. B. 'Buch'

1. Mausklick (linke Maustaste) in eine freie Zelle, z. B. 'D9'.
2. Eingabe der Formel:
   =ZÄHLENWENN(A1:C8;"Buch")

2 Formeln und Funktionen

	A	B	C	Formel in D	D
1	Buch	Preis	Be-stand	Formel in D	Ergeb-nis
2	1	10	100		
3	2	20	-50		
4	3	30	200		
5	4	40	300		
6	5	50	400		
7	1	10	50		
8					
9				=ZÄHLENWENN(A1:C8;"Buch")	1

<u>Beispiel</u>: Anzahl von Einträgen, die mit dem Buchstaben `'B'` beginnen, in einem Bereich zählen

1. Mausklick (linke Maustaste) in eine freie Zelle, z. B. `'D9'`.
2. Eingabe der Formel:
   `=ZÄHLENWENN(A1:C8;"B*")`

2 Formeln und Funktionen

	A	B	C	Formel in D	D
1	Buch	Preis	Bestand	Formel in D	Ergebnis
2	1	10	100		
3	2	20	-50		
4	3	30	200		
5	4	40	300		
6	5	50	400		
7	1	10	50		
8					
9				=ZÄHLENWENN(A1:C8;"B*")	2

<u>Beispiel</u>: Anzahl der Einträge, die den Buchstaben '*A*' enthalten, in einem Bereich zählen

1. Mausklick (linke Maustaste) in eine freie Zelle, z. B. '*D9*'.
2. Eingabe der Formel:
   =ZÄHLENWENN(A1:C8;"*A*")

2 Formeln und Funktionen

	A	B	C		D
1	Buch	Preis	Be-stand	Formel in D	Ergeb-nis
2	1	10	100		
3	2	20	-50		
4	3	30	200		
5	4	40	300		
6	5	50	400		
7	1	10	50		
8					
9				=ZÄHLENWENN(A1:C8;"*A*")	1

<u>Beispiel</u>: Anzahl der Einträge, die den Text *'Buch'* oder *'Preis'* enthalten, in einem Bereich zählen

1. Mausklick (linke Maustaste) in eine freie Zelle, z. B. *'D9'*.
2. Eingabe der Formel:
   =ZÄHLENWENN(A1:C8;"Buch")+ZÄH-LENWENN(A1:C8;"Preis")

2 Formeln und Funktionen

	A	B	C	Formel in D	D
1	Buch	Preis	Be-stand	Formel in D	Ergeb-nis
2	1	10	100		
3	2	20	-50		
4	3	30	200		
5	4	40	300		
6	5	50	400		
7	1	10	50		
8					
9				=ZÄHLENWENN(A1:C8;"Buch")+ZÄHLENWENN(A1:C8;"Preis")	2

Tipp 4: **Anzahl eines bestimmten Zeichens in einer Zelle anzeigen**

Beispiel: Anzahl des Zeichens '-' in der Zelle 'C3'

1. Mausklick (linke Maustaste) in eine freie Zelle, z. B. 'D3'.
2. Eingabe der Formel:
   = LÄNGE(C3)-LÄNGE(WECHSELN(C3;"-";))

2 Formeln und Funktionen

	A	B	C	Formel in D	D
1	Buch	Preis	Be-stand	Formel in D	Ergeb-nis
2	1	10	100		
3	2	20	-50	= LÄNGE(C3) - LÄNGE(WECHSELN (C3;"-";))	1
4	3	30	200		
5	4	40	300		
6	5	50	400		
7	1	10	50		

<u>Tipp</u> 5: **Anzahl der Zeichen in einer Zelle anzeigen (inklusive Leerzeichen)**

<u>Beispiel</u>: Anzahl der Zeichen in der Zelle `'C3'`

Variante 1:

1. Mausklick (linke Maustaste) in eine freie Zelle, z. B. `'D3'`.
2. Eingabe der Formel:
   = LÄNGE(C3)

2 Formeln und Funktionen

	A	B	C		D
1	Buch	Preis	Bestand	Formel in D	Ergebnis
2	1	10	100		
3	2	20	-50	= LÄNGE(C3)	3
4	3	30	200		
5	4	40	300		
6	5	50	400		
7	1	10	50		

Variante 2:

1. Mausklick (linke Maustaste) in eine freie Zelle, z. B. `'D3'`.
2. In der Menüleiste auswählen: `'Formeln'` → `'Funktion einfügen'`.
3. Im Feld `'Kategorie auswählen'` Auswahl des Eintrages `'Text'`.
4. Im Feld `'Funktion auswählen'` Auswahl der Funktion `'Länge'`.
5. Mausklick (linke Maustaste) auf die Schaltfläche `'OK'`.
6. In dem sich öffnenden Dialogfenster Eingabe der betreffenden Zelle.
7. Mausklick (linke Maustaste) auf die Schaltfläche `'OK'`.

2 Formeln und Funktionen

Tipp 6: **Anzahl einer bestimmten Ziffer anzeigen**

Beispiel: Anzahl der Ziffer `'0'` in der Spalte `'C'`

1. Mausklick (linke Maustaste) in eine freie Zelle, z. B. `'D9'`.
2. Eingabe der Formel:
   `{=SUMME(LÄNGE(C1:C8)-LÄNGE(WECHSELN(C1:C8;0;"")))}`

	A	B	C		D
1	Buch	Preis	Bestand	Formel in D	Ergebnis
2	1	10	100		
3	2	20	-50		
4	3	30	200		
5	4	40	300		
6	5	50	400		
7	1	10	50		
8					
9				`{=SUMME(LÄNGE(C1:C8)-LÄNGE(WECHSELN(C1:C8;0;"")))}`	10

Hinweis: Die geschweifte Klammer ist nicht mit einzugeben, stattdessen ist die Eingabe der Formel

2 Formeln und Funktionen

mit der Tastenkombination Strg + Shift ⇧ + Enter ↵ *abzuschließen.*

Tipp 7: **Anzahl der nicht belegten Zellen anzeigen**

Beispiel: Anzahl der nicht belegten Zellen in Spalte `'C'`

1. Mausklick (linke Maustaste) in eine freie Zelle, z. B. `'D9'`.
2. Eingabe der Formel:
   `=ANZAHLLEEREZELLEN(C1:C8)`

	A	B	C	D	
1	Buch	Preis	Bestand	Formel in D	Ergebnis
2	1	10	100		
3	2	20	-50		
4	3	30	200		
5	4	40	300		
6	5	50	400		
7	1	10	50		
8					
9				=ANZAHLLEEREZELLEN(C1:C8)	1

2 Formeln und Funktionen

Tipp 8: **Anzahl von Einträgen aus einer gefilterten Liste anzeigen**

Wenn eine Filterung von Daten stattfand und nur die angezeigten Werte in eine Berechnung einbezogen werden sollen, kann auf die Funktion `=TEILERGEBNIS( )` zurückgegriffen werden.

Beispiel: Anzahl von Einträgen der Spalte `'C'` ohne Texteinträge anzeigen

1. Markieren der Spalten, bei denen eine AutoFilter-Funktion hinterlegt werden soll.
2. In der Menüleiste auswählen: `'Daten'` → `'Filtern'`.
3. Filterung der Daten vornehmen. (Mittels Mausklick (linke Maustaste) auf das Listenfeld der betreffenden Spalte und Auswahl des gewünschten Kriteriums.)
4. Mausklick (linke Maustaste) in eine leere Zelle.
5. Mausklick (linke Maustaste) auf das Symbol `'Autosumme'`.
   Excel fügt nun die Funktion =TEILERGEBNIS(9;) ein. Der Cursor blinkt hinter dem Semikolon.
6. Die `'9'` mit einer `'2'` (für `'Anzahl'`) überschreiben.

2 Formeln und Funktionen

7. Innerhalb der Klammer Eintrag des zu zählenden Bereichs, z. B. `=TEILERGEBNIS(2;C2:C9)`.
8. Taste `Enter ↵` drücken.

	A	B	C		D
1			=TEILERGEBNIS (2;C3:C9)		1
2	Buch	Preis	Be-stand	Formel in D	Ergeb-nis
3	1	10	hun-dert		
8	1	10	50		
9					
10					

Beispiel: Anzahl von Einträgen der Spalte `'C'` einschließlich Texteinträge anzeigen

1. Markieren der Spalten, bei denen eine AutoFilter-Funktion hinterlegt werden soll.
2. In der Menüleiste auswählen: `'Daten'` → `'Filtern'`.
3. Filterung der Daten vornehmen. (Mittels Mausklick (linke Maustaste) auf das Listenfeld der betreffenden Spalte und Auswahl des gewünschten Kriteriums.)
4. Mausklick (linke Maustaste) in eine leere Zelle.

2 Formeln und Funktionen

5. Mausklick (linke Maustaste) auf das Symbol `'Autosumme'`.
   Excel fügt nun die Funktion =TEILERGEBNIS(9;) ein. Der Cursor blinkt hinter dem Semikolon.
6. Die `'9'` mit einer `'3'` (für `'Anzahl2'`) überschreiben.
7. Innerhalb der Klammer Eintrag des zu zählenden Bereichs, z. B. `=TEILERGEBNIS(3;C2:C9)`.
8. Taste ⎡Enter ↵⎤ drücken.

	A	B	C	D	
1				=TEILERGEBNIS (3;C3:C9)	2
2	Buch	Preis	Be- stand	Formel in D	Ergeb- nis
3	1	10	hun- dert		
8	1	10	50		
9					
10					

Hinweis:
`=TEILERGEBNIS(Funktion;Bezug1;...)`
Es empfiehlt sich, die Ergebniszelle oberhalb der Werte zu setzen. Bei einer Erweiterung der Liste wird so die Formel nicht überschrieben.

2 Formeln und Funktionen

Wenn der Bereich der zu zählenden Zellen reichlich gefasst wurde, muss dieser in der Formel bei Ergänzung der Liste unter Umständen nicht angepasst werden.

Die Argumente `'2'` bzw. `'3'` für `'Teilergebnis'` ergeben sich aus folgender Codierung:

\multicolumn{2}{c	}{mit Einbezug von ausgeblendeten Werten}	\multicolumn{2}{c}{ohne Einbezug von ausgeblendeten Werten}
Code	Funktion	Code	Funktion
1	= Mittelwert	101	= Mittelwert
2	= Anzahl	102	= Anzahl
3	= Anzahl2	103	= Anzahl2
4	= Max	104	= Max
5	= Min	105	= Min
6	= Produkt	106	= Produkt
7	= Stab.w	107	= Stabw
8	= Stabw.n	108	= Stabwn
9	= Summe	109	= Summe
10	= Var.s	110	= Varianz
11	= Var.p	111	= Varianzen

2 Formeln und Funktionen

<u>Tipp</u> 9: **Zählen der Häufigkeit eines Wertes**

<u>Beispiel</u>: Zählen, wie oft die Zahl 10 in der Spalte `'B'` vorkommt

1. Mausklick (linke Maustaste) in eine freie Zelle, z. B. `'D9'`.
2. Eingabe der Formel:
   `=ZÄHLENWENN(B1:B8;10)`

	A	B	C	Formel in D	D
1	Buch	Preis	Be-stand	Formel in D	Ergeb-nis
2	1	10	100		
3	2	20	-50		
4	3	30	200		
5	4	40	300		
6	5	50	400		
7	1	10	50		
8					
9				=ZÄHLENWENN(B1:B8;10)	2

2 Formeln und Funktionen

Tipp 10: **Anzahl von Beträgen ermitteln, die einen bestimmten Wert übersteigen**

Beispiel: Zählen, wie viele Beträge den Wert 20 in der Spalte 'B' überschreiten

Variante 1:

1. Mausklick (linke Maustaste) in eine freie Zelle, z. B. 'D9'.
2. Eingabe der Formel:
   =ZÄHLENWENN(B1:B8;">20")

	A	B	C		D
1	Buch	Preis	Bestand	Formel in D	Ergebnis
2	1	10	100		
3	2	20	-50		
4	3	30	200		
5	4	40	300		
6	5	50	400		
7	1	10	50		
8					
9				=ZÄHLENWENN(B1:B8;">20")	3

2 Formeln und Funktionen

Variante 2:

1. Mausklick (linke Maustaste) in eine freie Zelle, z. B. `'D9'`.
2. Eingabe der Formel:
   `=ZÄHLENWENN(B1:B8;">"&B3)`

	A	B	C	Formel in D	D
1	Buch	Preis	Be-stand	Formel in D	Ergebnis
2	1	10	100		
3	2	20	-50		
4	3	30	200		
5	4	40	300		
6	5	50	400		
7	1	10	50		
8					
9				=ZÄHLENWENN(B1:B8;">"&B3)	3

Variante 3:

1. Mausklick (linke Maustaste) in eine freie Zelle, z. B. `'D9'`.
2. In der Menüleiste auswählen: `'Formeln'` → `'Funktion einfügen'`.
3. Im Feld `'Kategorie auswählen'` Auswahl des Eintrages `'Alle'`.
4. Im Feld `'Funktion auswählen'` Auswahl der Funktion `'ZÄHLENWENN'`.

2 Formeln und Funktionen

5. Mausklick (linke Maustaste) auf die Schaltfläche *'OK'*.
6. In dem sich öffnenden Dialogfenster Eingabe des zu durchsuchenden Bereichs.
7. Im Feld *'Suchkriterien'* Eingabe des Wertes, der von den gesuchten Beträgen überschritten werden soll.
8. Mausklick (linke Maustaste) auf die Schaltfläche *'OK'*.

Tipp 11: **Ermitteln der Anzahl von Beträgen, die den einen Wert übersteigen und den anderen Wert unterschreiten**

Beispiel: Zählen, wie viele Beträge den Wert 20 in der Spalte *'B'* übersteigen und den Wert 50 unterschreiten.

1. Mausklick (linke Maustaste) in eine freie Zelle, z. B. *'D9'*.
2. Eingabe der Formel:
   `{=SUMME((B1:B8>20)*(B1:B8<50))}`

2 Formeln und Funktionen

	A	B	C		D
1	Buch	Preis	Bestand	Formel in D	Ergebnis
2	1	10	100		
3	2	20	-50		
4	3	30	200		
5	4	40	300		
6	5	50	400		
7	1	10	50		
8					
9				{=SUMME((B1:B8>20)*(B1:B8<50))}	2

Hinweis: Die geschweifte Klammer ist nicht mit einzugeben, stattdessen ist die Eingabe der Formel mit der Tastenkombination Strg *+* Shift ⇧ *+* Enter ↵ *abzuschließen.*

Tipp 12: **Ermitteln der Anzahl von negativen Werten**

Beispiel: Zählen der negativen Werte in der Spalte 'C'

1. Mausklick (linke Maustaste) in eine freie Zelle, z. B. 'D9'.
2. Eingabe der Formel:
   =ZÄHLENWENN(C1:C8;"<0")

2 Formeln und Funktionen

	A	B	C	Formel in D	D
1	Buch	Preis	Bestand	Formel in D	Ergebnis
2	1	10	100		
3	2	20	-50		
4	3	30	200		
5	4	40	300		
6	5	50	400		
7	1	10	50		
8					
9				=ZÄHLENWENN(C1:C8;"<0")	1

2.5 Wenn

=WENN(Prüfkriterium;DANN-Wert; SONST-Wert)

- Wahrheitsprüfungen
- DANN – wenn WAHR
- SONST – wenn FALSCH

Beispiel: Wenn der Wert in der Zelle 'A' größer als 150 ist, soll eine Gutschrift ausgewiesen werden.

1. Mausklick (linke Maustaste) in eine freie Zelle, z. B. *'B1'*.
2. Eingabe der Formel:
   =WENN(A:A>150;"Gutschrift";"")

2 Formeln und Funktionen

3. Mausklick (linke Maustaste) auf das Ausfüllkästchen unten rechts (kleines schwarzes Quadrat).
4. Linke Maustaste gedrückt halten und Markierung über die anschließenden Felder solange weiterziehen, wie in Spalte `'A'` Werte enthalten sind.
5. Maustaste loslassen.

	A	B	C
1	Wert	Formel	Ergebnis
2	250	=WENN(A1:A2>150; "Gutschrift";"")	Gutschrift
3	100	=WENN(A1:A2>150; "Gutschrift";"")	

Der 'SONST'-Wert wird ausgegeben, wenn die Wahrheitsprüfung 'FALSCH' ergibt. Damit in diesem Fall in der Zelle nicht das Wort 'FALSCH' erscheint, kann als 'SONST'-Wert bspw. "" (zwei Hochkommata ohne Leerschritt) gesetzt werden. Natürlich kann als 'SONST'-Wert auch ein zuvor definierter Text ausgewiesen werden.

Tipp 1: **WENN mit einer Bedingung**

Beispiel: Wenn eine Rechnung den Wert 100 € in der Zelle `'C4'` übersteigt, erhält der Kunde 5 % Rabatt.

1. Mausklick (linke Maustaste) in eine freie Zelle, z. B. `'D4'`.

2 Formeln und Funktionen

2. Eingabe der Formel:
   =WENN(C4>100;C4-(C4*5%);C4)

	A	B	C	D	
	A	B	C	Formel in D	D
1	Buch	Anzahl	Preis	Formel in D	Ergebnis
2	1	2	10		
3	2	5	20		
4		Gesamt	120	=WENN(C4>100; C4-(C4*5%);C4)	114

Tipp 2: **WENN mit einer Bedingung und einem Sonst-Wert**

Beispiel: Wenn eine Rechnung den Wert 100 € in der Zelle 'C4' übersteigt, erhält der Kunde 5 % Rabatt, sonst 1 %.

1. Mausklick (linke Maustaste) in eine freie Zelle, z. B. 'D4'.
2. Eingabe der Formel:
   =WENN(C4>100;C4-(C4*5%);C4-(C4*1%))

2 Formeln und Funktionen

	A	B	C	Formel in D	D
1	Buch	Anzahl	Preis	Formel in D	Ergebnis
2	1	0	10		
3	2	5	20		
4		Gesamt	100	=WENN(C4>100; C4-(C4*5%); C4-(C4*1%))	99

Tipp 3: **WENN mit zwei Bedingungen**

Beispiel: Wenn eine Rechnung den Wert 100 € in der Zelle 'C4' übersteigt, erhält der Kunde 5 % Rabatt. Sofern die Rechnung den Wert 150 € in der Zelle 'C4' übersteigt, erhält der Kunde 10 % Rabatt.

1. Mausklick (linke Maustaste) in eine freie Zelle, z. B. 'D4'.
2. Eingabe der Formel:
   =WENN(C4>300;C4-
   (C4*10%);WENN(C4>150;C4-
   (C4*5%);C4))

2 Formeln und Funktionen

	A	B	C	Formel in D	D
1	Buch	Anzahl	Preis	Formel in D	Ergebnis
2	1	11	10		
3	2	10	20		
4		Gesamt	310	=WENN(C4>300; C4-(C4*10%); WENN(C4>150;C4 -(C4*5%);C4))	279

Hinweis: Beim Formelaufbau ist stets mit dem größeren Wert zu beginnen, da sonst mit der Bedingung 1 auch die Bedingung 2 erfüllt wäre.

<u>Tipp</u> 4: **WENN mit einer Bedingung und einer UND-Verknüpfung**

<u>Beispiel</u>: Wenn die Stornoquote eines Vermittler in der Zelle 'B4' weniger als 10.000 € beträgt und der Zuwachs in der Zelle 'C4' größer als 20.000 € ist, soll der Vermittler zusätzlich an der Gewinnausschüttung des Unternehmens beteiligt werden.

1. Mausklick (linke Maustaste) in eine freie Zelle, z. B. 'D4'.
2. Eingabe der Formel:
   =WENN(UND(B4<10000;C4>20000);
   "ja";"nein")

2 Formeln und Funktionen

	A	B	C	Formel in D	D
1	Monat	Storno	Zu-wachs	Formel in D	Ergeb-nis
2	01	5.000	10.000		
3	02	4.000	20.000		
4	Gesamt	9.000	30.000	=WENN(UND(B4<10000;C4>20000);"ja";"nein")	ja

Tipp 5: **WENN** mit zwei Bedingungen und einer UND-Verknüpfung

Beispiel: Wenn die Stornoquote eines Vermittler in der Zelle 'B4' weniger als 10.000 € beträgt und der Zuwachs in der Zelle 'C4' größer als 20.000 € ist sowie der letzte Monat größer als 02 (Februar) ist, soll der Vermittler zusätzlich an der Gewinnausschüttung des Unternehmens beteiligt werden.

1. Mausklick (linke Maustaste) in eine freie Zelle, z. B. 'D4'.
2. Eingabe der Formel:
   =WENN(UND(B4<10000;C4>20000; A4>02);"ja";"nein")

2 Formeln und Funktionen

	A	B	C		Formel in D	D
1	Monat	Storno	Zu-wachs			Ergeb-nis
2	01	5.000	10.000			
3	02	4.000	20.000			
4	03	9.000	30.000		=WENN(UND(B4<10000;C4>20000;A4>02);"ja";"nein")	ja

Hinweis: Es lassen sich stets mehrere Bedingungen (mit Semikolon getrennt) verknüpfen. Wenn mindestens eine Bedingung nicht erfüllt ist, wird 'Nein' ausgegeben.

Tipp 6: **WENN mit einer Bedingung und einer ODER-Verknüpfung**

Beispiel: Wenn die Stornoquote eines Vermittlers in der Zelle 'B4' weniger als 10.000 € beträgt oder der Zuwachs in der Zelle 'C4' größer als 20.000 € ist, soll der Vermittler zusätzlich an der Gewinnausschüttung des Unternehmens beteiligt werden.

1. Mausklick (linke Maustaste) in eine freie Zelle, z. B. 'D4'.
2. Eingabe der Formel:

2 Formeln und Funktionen

```
=WENN(ODER(B4<10000;C4>20000);
"ja";"nein")
```

	A	B	C	D	
1	Monat	Storno	Zu-wachs	Formel in D	Ergeb-nis
2	01	5.000	10.000		
3	02	4.000	20.000		
4	Gesamt	9.000	30.000	`=WENN(ODER(B4<10000;C4>20000);"ja";"nein")`	ja

2.6 Quersumme

Eine Quersumme wird durch das Zusammenzählen der einzelnen Ziffern einer mehrstelligen Zahl gebildet.

<u>Beispiel</u>: In der Zelle `'A1'` befindet sich eine mehrstellige Zahl, z. B. `123456`, von welcher die Quersumme ermittelt werden soll.

1. Mausklick (linke Maustaste) in eine freie Zelle, z. B. `'B1'`.
2. Eingabe der Formel:
   ```
   =LINKS(A1;1)+WENN
   (LÄNGE(A1)>1;TEIL(A1;2;1);0)
   +WENN
   ```

2 Formeln und Funktionen

```
(LÄNGE(A1)>2;TEIL(A1;3;1);*0)
+WENN
(LÄNGE(A1)>3;TEIL(A1;4;1);*0)
+WENN
(LÄNGE(A1)>4;TEIL(A1;5;1);0)
+WENN
(LÄNGE(A1)>5;TEIL(A1;6;1);0)
```

Ergebnis: 21

Hinweis: Gemäß der Formel werden die Ziffern der Zelle `A1` addiert. Im vorliegenden Beispiel kann die Formel eine Quersumme von einer Zahl mit bis zu sechs Stellen errechnen. Die Formel kann jedoch entsprechend der Bedürfnisse angepasst werden.

2.7 Trigonomie

<u>Tipp</u> 1: **Sinus( )**

<u>Beispiel</u>: In der Zelle `A1` sind 45° gegeben. Davon soll der Sinus berechnet werden.

1. Mausklick (linke Maustaste) in eine freie Zelle, z. B. `B1`.
2. Eingabe der Formel:
   =SIN(45)

Ergebnis: 0,850903524534118

2 Formeln und Funktionen

Tipp 2: **Kosinus( )**

Beispiel: In der Zelle `'A1'` sind 45° gegeben. Davon soll der Kosinus berechnet werden.

1. Mausklick (linke Maustaste) in eine freie Zelle, z. B. `'B1'`.
2. Eingabe der Formel:
   `=COS(45)`

Ergebnis: `0,52532198881773`

Tipp 3: **Tangens( )**

Beispiel: In der Zelle `'A1'` sind 45° gegeben. Davon soll der Tangens berechnet werden.

1. Mausklick (linke Maustaste) in eine freie Zelle, z. B. `'B1'`.
2. Eingabe der Formel:
   `=TAN(45)`

Ergebnis: `1,61977519054386`

Mit nachstehenden Schritten können noch weitere Funktionen aufgerufen werden:

2 Formeln und Funktionen

1. Mausklick (linke Maustaste) in eine freie Zelle, z. B. `'B1'`.
2. In der Menüleiste auswählen: `'Formeln'` → `'Funktion einfügen'`.
3. Im Feld `'Kategorie auswählen'` Auswahl des Eintrages `'Math. & Trigonom.'`.
4. Im Feld `'Funktion auswählen'` Auswahl der gewünschten Funktion.
5. Mausklick (linke Maustaste) auf die Schaltfläche `'OK'`.
6. In dem sich öffnenden Dialogfenster – falls erforderlich - benötigte Argumente eingeben.
7. Mausklick (linke Maustaste) auf die Schaltfläche `'OK'`.

2.8 Mittelwert und Median

```
=MITTELWERT( )
=MITTELWERT(Zelle:Zelle)
=MITTELWERT(Zahl1;Zahl2;Zahl3;…)

=MEDIAN( )
=MEDIAN(Zahl1;Zahl2;Zahl3;…)
```

2 Formeln und Funktionen

Bei den Funktionen =MITTELWERT( ) bzw. =MEDIAN( ) werden Zellen, die den Wert '0' enthalten, bei den Berechnungen mit einbezogen. Leere Zellen werden hingegen ignoriert.

Der MEDIAN ermittelt die Zahl, die in der Mitte einer Zahlenreihe liegt. Sofern die Zahlenreihe aus einer geraden Anzahl von Zahlen besteht, ermittelt der MEDIAN den Mittelwert aus den beiden mittleren Zahlen.

Tipp 1: **Mittelwert inklusive '0'-Werte berechnen**

Beispiel: Mittelwert der Zellen 'C2:C4' berechnen

1. Mausklick (linke Maustaste) in eine freie Zelle, z. B. 'D9'.
2. Eingabe der Formel:
   =MITTELWERT(C2:C4)

2 Formeln und Funktionen

	A	B	C	Formel in D	D
1	Buch	Datum	Be-stand	Formel in D	Ergebnis
2	1	24.01.14	100		
3	2	26.02.14	- 50		
4	3	24.03.14	200		
5	4	20.05.15	300		
6	5	13.09.15	400		
7	1	30.09.15	50		
8			0		
9				=MITTELWERT(C2:C4)	83,33333333

<u>Beispiel</u>: Mittelwert der Spalte 'C' berechnen

1. Mausklick (linke Maustaste) in eine freie Zelle, z. B. 'D9'.
2. Eingabe der Formel:
   =MITTELWERT(C:C)

2 Formeln und Funktionen

	A	B	C		D
1	Buch	Datum	Bestand	Formel in D	Ergebnis
2	1	24.01.14	100		
3	2	26.02.14	- 50		
4	3	24.03.14	200		
5	4	20.05.15	300		
6	5	13.09.15	400		
7	1	30.09.15	50		
8			0		
9				=MITTELWERT(C:C)	142,8571429

Tipp 2: **Mittelwert ohne '0'-Werte berechnen**

Beispiel: Mittelwert der Spalte 'C' ohne '0'-Werte berechnen

1. Mausklick (linke Maustaste) in eine freie Zelle, z. B. 'D9'.
2. Eingabe der Formel:
   =SUMME(C:C)/ZÄHLENWENN(C:C;">0")

2 Formeln und Funktionen

	A	B	C		D
1	Buch	Datum	Bestand	Formel in D	Ergebnis
2	1	24.01.14	100		
3	2	26.02.14	- 50		
4	3	24.03.14	200		
5	4	20.05.15	300		
6	5	13.09.15	400		
7	1	30.09.15	50		
8			0		
9				=SUMME (C:C)/ ZÄHLENWENN (C:C;">0")	200

Tipp 3: **Mittelwert aus einer gefilterten Liste berechnen**

1. Markieren der Spalten, bei denen eine AutoFilter-Funktion hinterlegt werden soll.
2. In der Menüleiste auswählen: `'Daten'` → `'Filtern'`.
3. Filterung der Daten vornehmen. (Mittels Mausklick (linke Maustaste) auf das Listenfeld der betreffenden Spalte und Auswahl des gewünschten Kriteriums.)
4. Mausklick (linke Maustaste) in eine leere Zelle.
5. In der Menüleiste auswählen: `'Formeln'` → `'AutoSumme'`.

2 Formeln und Funktionen

Excel fügt nun die Funktion =TEILERGEB-NIS(9;) ein. Der Cursor blinkt hinter dem Semikolon.

6. Die '9' mit einer '1' (für Mittelwert) überschreiben.
7. Innerhalb der Klammer Eintrag des Bereichs, aus dem der Mittelwert errechnet werden soll, z. B. =TEILERGEBNIS(1;C2:C4).
8. Taste Enter ↵ drücken.

Hinweis:
=TEILERGEBNIS(Funktion;Bezug1;...)
Es empfiehlt sich, die Ergebniszelle oberhalb der Werte zu setzen. Bei einer Erweiterung der Liste wird so die Formel nicht überschrieben.
Wenn der Bereich der zu zählenden Zellen reichlich gefasst wurde, muss dieser in der Formel bei Ergänzung der Liste unter Umständen nicht angepasst werden.

2 Formeln und Funktionen

Das Argument `'1'` für `'Teilergebnis'` ergibt sich aus folgender Codierung:

mit Einbezug von ausgeblendeten Werten		ohne Einbezug von ausgeblendeten Werten	
Code	Funktion	Code	Funktion
1	= Mittelwert	101	= Mittelwert
2	= Anzahl	102	= Anzahl
3	= Anzahl2	103	= Anzahl2
4	= Max	104	= Max
5	= Min	105	= Min
6	= Produkt	106	= Produkt
7	= Stab.w	107	= Stabw
8	= Stabw.n	108	= Stabwn
9	= Summe	109	= Summe
10	= Var.s	110	= Varianz
11	= Var.p	111	= Varianzen

Tipp 4: Median berechnen

Sofern den extrem abweichenden Werten nur eine schwache Bedeutung zugemessen werden soll, kann statt der Funktion `=MITTELWERT( )` die Funktion `=MEDIAN( )` verwendet werden.

Beispiel: Median der Zellen 'C2:C8' berechnen

1. Mausklick (linke Maustaste) in eine freie Zelle, z. B. 'D9'.
2. Eingabe der Formel:
   =MEDIAN(C2:C8)

	A	B	C	D	
1	Buch	Datum	Bestand	Formel in D	Ergebnis
2	1	24.01.04	100		
3	2	26.02.04	-50000		
4	3	05.12.04	200		
5	4	07.05.05	300		
6	5	21.06.05	400		
7	1	01.07.05	50		
8			0		
9				=MEDIAN(C2:C8)	100

2.9 Prozentrechnung

Um eine korrekte Darstellung und Berechnung von Prozentwerten zu erzielen, sollte – wie in nachstehenden Schritten beschrieben - die Option 'Automatische Prozentwerteingabe' aktiviert sein.

1. In der Menüleiste auswählen: 'Datei' → 'Optionen' → 'Erweitert'.

2 Formeln und Funktionen

2. Im Anschnitt *'Bearbeitungsoptionen'* mittels Mausklick (linke Maustaste): Deaktivieren *'Automatische Prozentwerteingabe aktivieren'*.
3. Mausklick (linke Maustaste) auf die Schaltfläche *'OK'*.

Tipp 1: **x Prozent von y berechnen**

Beispiel: 5 % von 150

1. Mausklick (linke Maustaste) in eine freie Zelle, z. B. *'B1'*.
2. Eingabe der Formel:
   =5%*150

Ergebnis: 7,5

Tipp 2: **x Prozent von y subtrahieren**

Beispiel: In der Zelle *'A1'* befindet sich der Wert 150. Von diesem sollen 5 % subtrahiert werden.

1. Mausklick (linke Maustaste) in eine freie Zelle, z. B. *'B1'*.
2. Eingabe der Formel:
   =A1-(A1*5%)

Ergebnis: 7,5

2 Formeln und Funktionen

Tipp 3: **Anteil am Gesamtwert in Prozent**

Beispiel: Anteil am Gesamtwert berechnen

	A	B	C		D
1	Buch	Datum	Bestand	Formel in D	Ergebnis
2	1	24.01.14	100	=C2/$C$8	7 %
3	2	26.02.14	500	=C3/$C$8	33 %
4	3	24.03.14	200	=C4/$C$8	13 %
5	4	20.05.15	300	=C5/$C$8	20 %
6	5	13.09.15	400	=C6/$C$8	27 %
7	1	30.09.15	50	=C7/$C$8	3 %
8					
9		Gesamt	1500		

1. Mausklick (linke Maustaste) in eine freie Zelle, z. B. `'D2'`.
2. Eingabe der Formel:
   `=C2/$C$9`
   Es wird eine Dezimalzahl angezeigt.
3. Markieren der Ergebniszelle(n).
4. In der Menüleiste: Mausklick (linke Maustaste) auf `'Start'` und anschließend auf das Symbol `'Prozentformat'`.
   Dadurch wird die Dezimalzahl mit 100 multipliziert und das %-Zeichen hinzugefügt.

5. Sofern die Prozentzahl mit einer anderen Nachkommastellenanzahl ausgewiesen werden soll: Markieren der betreffenden Ergebniszellen.
6. Mausklick (rechte Maustaste).
7. In dem sich öffnenden Kontextmenü: Mausklick (linke Maustaste) auf `Zellen formatieren...`.
8. In dem sich öffnenden Dialogfenster: Auswählen der Registerkarte `Zahlen`.
9. Im Feld `Kategorie` Auswahl der Eintrages `Prozent`.
10. Im Feld `Dezimalstellen` Auswahl der gewünschten Anzahl an Nachkommastellen.
11. Mausklick (linke Maustaste) auf die Schaltfläche `OK`.

2.10 Runden

```
=RUNDEN( )
=RUNDEN
(Zahl;Anzahl_Nachkommastellen)
```

Zahl
= die Zahl, die auf- oder abgerundet werden soll

2 Formeln und Funktionen

Anzahl_Nachkommastellen
= die Anzahl der Dezimalstellen, auf die die Zahl auf- oder abgerundet werden soll

Gemäß der Rundungsregeln wird auf die angegebene Anzahl an Nachkommastellen entweder auf- (ab 5) oder abgerundet (bis 4).

Tipp 1: **Runden einer Zahl**

Beispiel: Runden der Zahl 1,234 auf 2 Nachkommastellen

1. Mausklick (linke Maustaste) in eine freie Zelle, z. B. `B1`.
2. Eingabe der Formel:
   `=RUNDEN(1,234;2)`

Ergebnis: `1,23`

Sofern als Zellformat ein Zahlenformat eingestellt wurde, welches die Anzahl der Dezimalstellen nach dem Komma begrenzt, verwendet die Funktion `Runden` im Hintergrund dennoch die komplette Anzahl der Stellen.

2 Formeln und Funktionen

<u>Tipp</u> 2: **Runden mit Anzahl_Nachkommastellen > 0**

<u>Beispiel</u>: Runden der Zahl 1,25 auf eine Nachkommastelle

1. Mausklick (linke Maustaste) in eine freie Zelle, z. B. `'B1'`.
2. Eingabe der Formel:
   `=RUNDEN(1,25;1)`

Ergebnis: `1,3`

Um bei Berechnungen mit Geldbeträgen bspw. bei der Division Cent-Differenzen zu vermeiden, empfiehlt sich die Nutzung der Funktionalität *'Runden'*.

<u>Beispiel</u>: Division der Zahl 50 durch die Zahl 1,7 mit Verknüpfung zur Funktion *'Runden'*

1. Mausklick (linke Maustaste) in eine freie Zelle, z. B. `'B1'`.
2. Eingabe der Formel:
   `=RUNDEN(50/1,7;2)`

Ergebnis: `29,41`

2 Formeln und Funktionen

Tipp 3: **Runden mit Anzahl_Nachkommastellen = 0**

Eine Zahl wird auf die nächste ganze Zahl gerundet.

Beispiel: Runden der Zahl 1,25 auf eine ganze Zahl

1. Mausklick (linke Maustaste) in eine freie Zelle, z. B. `'B1'`.
2. Eingabe der Formel:
   `=RUNDEN(1,25;0)`

Ergebnis: 1

Tipp 4: **Runden mit Anzahl_Nachkommastellen < 0**

Der links vom Dezimalzeichen stehende Teil einer Zahl wird gerundet.

Beispiel: Runden der Zahl 1111,25

1. Mausklick (linke Maustaste) in eine freie Zelle, z. B. `'B1'`.
2. Eingabe der Formel:
   `=RUNDEN(1111,25;-2)`

Ergebnis: 1100

2 Formeln und Funktionen

Bei der Eingabe der Nachkommastellenanzahl in der Formel sind folgende Rundungsregeln zu beachten:

1 Runden auf eine Stelle nach dem Komma
0 Runden auf volle Euro
-2 Runden auf volle 100 Euro
-3 Runden auf volle 1.000 Euro

Tipp 5: **Abweichende Rundungsregeln**

Beispiel: Die Zelle 'A1' beinhaltet die Benotung. Alle Werte bis ,5 sollen die niedrigere Note ergeben und alle Werte ab ,6 sollen die nächste höhere Note ergeben.

Variante 1:

1. Mausklick (linke Maustaste) in eine freie Zelle, z. B. 'B1'.
2. Eingabe der Formel:
   =WENN(A1<
   =ABRUNDEN(A1;0)+0,5);
   ABRUNDEN(A1;0);AUFRUNDEN(A1;0))

Variante 2:

1. Mausklick (linke Maustaste) in eine freie Zelle, z. B. 'B1'.
2. Eingabe der Formel:

```
=WENN(REST(A2;1)>0,5;
GANZZAHL(A2/1)+1;
GANZZAHL(A2/1))
```

2.10.1 Aufrunden

```
=AUFRUNDEN( )
=AUFRUNDEN
(Zahl;Anzahl_Nachkommastellen)
```

Eine Zahl wird auf die angegebene Anzahl an Nachkommastellen aufgerundet. Im Unterschied zu der Funktion *'RUNDEN'* wird bei der Funktion *'AUFRUNDEN'* immer aufgerundet.

Beispiel: Die Zahl in der Zelle *'A1'* soll mit 3 Nachkommastellen aufgerundet werden.

1. Eingabe der aufzurundenden Zahl in die Zelle *'A1'*, z. B. 123,4567
2. Mausklick (linke Maustaste) in eine freie Zelle, z. B. *'B1'*.
3. Eingabe der Formel:
   `=AUFRUNDEN(A1;3)`

Ergebnis: `123,457`

2 Formeln und Funktionen

Beispiel: Aufrunden der Zahl in der Zelle `A1` auf 0,25 (z. B. 3,1234)

1. Mausklick (linke Maustaste) in eine freie Zelle, z. B. `B1`.
2. Eingabe der Formel:
   `=AUFRUNDEN(A1/0,25;0)*0,25`

Ergebnis: `3,25`

Beispiel: Runden der Zahl in der Zelle `A1` auf 0,05 (z. B. 1,44)

Variante 1:

1. Mausklick (linke Maustaste) in eine freie Zelle, z. B. `B1`.
2. Eingabe der Formel:
   `=RUNDEN(A1*2;1)/2`

Ergebnis: `1,45`

Erläuterung zu der Formel:

Zuerst wird der zu rundende Wert verdoppelt (1,44 * 2 = 2,88). Das Ergebnis wird auf eine ganze Stelle gerundet (2,88 = 2,90). Abschließend wird der gerundete Wert durch 2 geteilt (2,90 / 2 = 1,45).

2 Formeln und Funktionen

Statt der Zellenangabe kann auch die zu rundende Zahl oder eine in Klammern gesetzte Formelberechnung angegeben werden.

Variante 2:

=RUNDEN(Zahl*20;0)/20

1. Mausklick (linke Maustaste) in eine freie Zelle, z. B. *'B1'*.
2. Eingabe der Formel:

=Runden(A1*20;0)/20

Ergebnis: 1,45

<u>Erläuterung zu der Formel</u>:

Zuerst wird der zu rundende Wert mit 20 multipliziert. Das Ergebnis wird ohne Nachkommastellen durch 20 dividiert.

Der Wert '20' ergibt sich daraus, dass der zwanzigste Teil von 100 = 5 ist.

<u>Beispiel</u>: Runden der Zahl in der Zelle *'A1'* auf 0,10 (z. B. aus 1,45)

=RUNDEN(Zahl/10;Anzahl_Nachkommastellen)*10

2 Formeln und Funktionen

1. Mausklick (linke Maustaste) in eine freie Zelle, z. B. `'B1'`.
2. Eingabe der Formel:
   `=RUNDEN(A1/10;2)*10`

Ergebnis: `1,50`

Beispiel: Summieren der Zahlen aus den Zellen `'A1'` bis `'A3'` und Runden auf 0,10

```
=RUNDEN(SUMME(Zelle:Zelle)/10;Anzahl_Nachkommastellen)*10
```

1. Mausklick (linke Maustaste) in eine freie Zelle, z. B. `'B1'`.
2. Eingabe der Formel:
   `=RUNDEN(SUMME(A1:A3)/10;2)*10`

Beispiel: Summieren der Zahlen aus den Zellen `'A1'` bis `'A3'` und Runden auf eine ganze Zahl

1. Mausklick (linke Maustaste) in eine freie Zelle, z. B. `'B1'`.
2. Eingabe der Formel:
   `=RUNDEN(SUMME(A1:A3);0)`

Beispiel: Runden einer Zahl auf die nächste gerade Zahl (z. B. von 2,2345)

1. Mausklick (linke Maustaste) in eine freie Zelle, z. B. `B1`.
2. Eingabe der Formel:
   `=GERADE(2,2345)`

Ergebnis: 4

Beispiel: Runden einer Zahl auf die nächste ungerade Zahl (z. B. von 1,2345)

1. Mausklick (linke Maustaste) in eine freie Zelle, z. B. `B1`.
2. Eingabe der Formel:
   `=UNGERADE(1,2345)`

Ergebnis: 3

2.10.2 Abrunden

`=ABRUNDEN( )`
`=ABRUNDEN(Zahl;Anzahl_Nachkommastellen)`

Eine Zahl wird stets auf die angegebene Anzahl der Nachkommastellen abgerundet.

2 Formeln und Funktionen

Im Unterschied zu der Funktion 'RUNDEN' wird beim 'ABRUNDEN' immer abgerundet.

Beispiel: Die Zahl in der Zelle 'A1' soll mit drei Nachkommastellen abgerundet werden.

1. Eingabe der abzurundenden Zahl in die Zelle 'A1', z. B. 123,4567
2. Mausklick (linke Maustaste) in eine freie Zelle, z. B. 'B1'.
3. Eingabe der Formel:
   =ABRUNDEN(A1;3)

Ergebnis: 123,456

2.10.3 Ganzzahl

=GANZZAHL( )
=GANZZAHL(Zahl)

Eine Zahl wird auf die nächst kleinere ganze Zahl abgerundet.

Beispiel: Abrunden der Zahl 1,2 auf die nächst kleinere ganze Zahl

2 Formeln und Funktionen

1. Mausklick (linke Maustaste) in eine freie Zelle, z. B. *'B1'*.
2. Eingabe der Formel:
   =GANZZAHL(1,2)

Ergebnis: 1

Beispiel: Abrunden der Zahl -1,2 auf die nächst kleinere ganze Zahl

1. Mausklick (linke Maustaste) in eine freie Zelle, z. B. *'B1'*.
2. Eingabe der Formel:
   =GANZZAHL(-1,2)

Ergebnis: -2

Beispiel: Den Dezimalteil einer Zahl aus der Zelle *'A1'* ermitteln (z. B. 1,2345)

1. Mausklick (linke Maustaste) in eine freie Zelle, z. B. *'B1'*.
2. Eingabe der Formel:
   =A1-GANZZAHL(A1)

Ergebnis: 0,2345

2.10.4 VRUNDEN

=VRUNDEN( )

Beispiel: Runden auf das nächste erreichbare ganzzahlige Vielfache von zwei Zahlen

1. Mausklick (linke Maustaste) in eine freie Zelle, z. B. 'B1'.
2. Eingabe der Formel:
   =VRUNDEN(11;7)

Ergebnis: 14

Beispiel: Runden einer Zahl auf 0,05 (z. B. 1,26)

1. Mausklick (linke Maustaste) in eine freie Zelle, z. B. 'B1'.
2. Eingabe der Formel:
   =VRUNDEN(1,26;0,05)

Ergebnis: 1,25

2.10.5 Rundungsregeln bei Währungen

Geldbeträge sind erst in die gewünschte Währung umzurechnen und anschließend kaufmännisch zu runden, d.h. ab 5 = aufgerundet / bis 4 = abgerundet. Dabei ist die dritte Nachkommastelle maßgebend.

Beispiel: 10 DM in EUR umrechnen und auf 2 Nachkommastellen runden (Umrechnungsfaktor: 1,95583)

1. Mausklick (linke Maustaste) in eine freie Zelle, z. B. `A1`.
2. Eingabe des umzurechnenden Betrages.
3. Mausklick (linke Maustaste) in eine freie Zelle, z. B. `B1`.
4. Eingabe des Umrechnungsfaktors.
5. Mausklick (linke Maustaste) in eine freie Zelle, z. B. `C1`.
6. Eingabe der Formel:
   `=RUNDEN(A1/$B$1;2)`

Ergebnis: `5,11` (10 DM = 5,1129188 €)

Erläuterung zur Formel:

`=RUNDEN`
`(Zahl;Anzahl_Nachkommastellen)`

2 Formeln und Funktionen

Zuerst wird der Betrag umgerechnet und anschließend gerundet. Entsprechend der Vorgabe wird die Anzahl an Nachkommastellen ausgewiesen.

Sofern die Zahlen durch die Anzeige verkürzt dargestellt werden, rechnet Excel dennoch mit allen Nachkommastellen (max. 13) weiter.

2.11 Kürzen

=KÜRZEN( )
=KÜRZEN(Zahl)

Mit der Funktionalität *'KÜRZEN'* werden einer Zahl die Nachkommastellen abgeschnitten.

1. Mausklick (linke Maustaste) in eine freie Zelle, z. B. *'B1'*.
2. Eingabe der Formel:
   =KÜRZEN(1,2)

Ergebnis: 1

2.12 Darstellen von Brüchen

Variante 1:

1. Markieren der betreffende Zelle(n).
2. Mausklick (rechte Maustaste).
3. In dem sich öffnenden Kontextmenü: Mausklick (linke Maustaste) auf `'Zellen formatieren...'`.
4. In dem sich öffnenden Dialogfenster: Auswählen der Registerkarte `'Zahlen'`.
5. Im Feld `'Kategorie'` Auswahl der Eintrages `'Bruch'`.
6. Im Feld `'Typ'` Auswahl des gewünschten Formats, bspw. `'Einstellig (1/4)'`.
7. Mausklick (linke Maustaste) auf die Schaltfläche `'OK'`.

Variante 2:

1. Markieren der betreffende Zelle(n).
2. Mausklick (rechte Maustaste).
3. In dem sich öffnenden Kontextmenü: Mausklick (linke Maustaste) auf `'Zellen formatieren...'`.
4. In dem sich öffnenden Dialogfenster: Auswählen der Registerkarte `'Zahlen'`.

2 Formeln und Funktionen

5. Im Feld *'Kategorie'* Auswahl der Eintrages *'Benutzerdefiniert'*.
6. Im Feld *'Typ'* Eingabe: ?/?.
7. Mausklick (linke Maustaste) auf die Schaltfläche *'OK'*.

2.13 Wurzel

Beispiel: Wurzel aus 10

1. Mausklick (linke Maustaste) in eine freie Zelle, z. B. *'B1'*.
2. Eingabe der Formel:
   =WURZEL(10)

Ergebnis: 3,16227766

2.14 Potenz

Beispiel: 2. Potenz von 3

1. Mausklick (linke Maustaste) in eine freie Zelle, z. B. *'B1'*.
2. Eingabe der Formel:
   =POTENZ(3;2)

Ergebnis: 9

2.15 Fakultät

Beispiel: Berechnung von 1x2x3x4x5

1. Mausklick (linke Maustaste) in eine freie Zelle, z. B. `B1`.
2. Eingabe der Formel:
   `=FAKULTÄT(5)`

Ergebnis: `120`

2.16 VERWEISE

Verweisfunktionen treten in folgenden drei unterschiedlichen Varianten auf:

```
=VERWEIS( )
=SVERWEIS( )
=WVERWEIS( )
```

Alle Verweisfunktionen haben die Aufgabe, eine Zahl in Abhängigkeit zu einer anderen zu finden.

2 Formeln und Funktionen

2.16.1 VERWEIS

=VERWEIS(Wert;Bereich)

Beispiel: Zum 'Buch 5' soll automatisch die zugehörige 'Bestell-Nr. 5678' ausgewiesen werden

1. In die Zelle 'A1' Eingabe des Buchtitels, zu welchem die Bestellnummer gesucht wird.
2. In die Zelle 'A2' Eingabe der Formel:
=VERWEIS(A1;A4:E5)

	A	B	C	D	E
1	Buch 5	Artikel			
2	5678	Bestell-Nr.			
3					
4	Buch 1	Buch 2	Buch 3	Buch 4	Buch 5
5	1234	2345	3456	4567	5678

Hinweis: Der Ausgangswert muss in der ersten Zeile / oder ersten Spalte stehen und der dazugehörige Wert in der letzten Zeile / oder letzten Spalte.

Die Funktion VERWEIS( ) kann nur aufsteigend sortierte Bereiche auswerten. Sofern keine Sortierung möglich ist, steht die Funktion SVERWEIS( ) zur Verfügung.

2.16.2 SVERWEIS

Mit der Funktion *'SVERWEIS'* wird die erste Spalte nach einem bestimmten Wert durchsucht. Sobald dieser Wert gefunden wurde, durchläuft die Funktion die Zeile nach rechts, um einen bestimmten Wert der Zeile zuzuordnen.

```
=SVERWEIS(Suchkriterium;Suchbe-
reich;Spaltenindex;0 oder 1)
```

Suchkriterium
= Wert nach dem gesucht wird (Zelle, Zahl oder Zeichenfolge)

Suchbereich
= Bereich, in dem gemäß dem Suchkriterium gesucht wird

Spaltenindex
= Spalte, in welcher der gesuchte Wert steht (1 = Spalte A, 2 = Spalte B, ...)

Ziffer '0' bzw. 'FALSCH'
= Vorgabe, dass der exakte Wert ausgegeben werden soll. Sofern der exakte Wert nicht vorkommt, wird eine Fehlermeldung *'#NV'* ausgegeben.

2 Formeln und Funktionen

Ziffer '1' bzw. 'WAHR'
= Vorgabe, dass der exakte Wert ausgegeben werden soll. Sofern der exakte Wert nicht vorkommt, wird der nächste kleinere Wert ausgegeben.

<u>Tipp</u> 1: **Mit SVERWEIS automatisch Werte zuordnen**

	A	B	C
1	1234	Buch 1	Verlag A
2	2345	Buch 2	Verlag B
3	3456	Buch 3	Verlag C
4	4567	Buch 4	Verlag D
5	5678	Buch 5	Verlag E
6			
7	3456	Buch 3	Verlag C

Beispiel: Zur angegebenen Bestellnummer in der Zelle `A7` den Verlag ausweisen

1. Mausklick (linke Maustaste) in eine freie Zelle, z. B. `B7`.
2. Eingabe der Formel:
   `=SVERWEIS(A7;A1:C5;3;WAHR)`

2 Formeln und Funktionen

<u>Beispiel</u>: Zur angegebenen Bestellnummer in der Zelle `A7` den Titel ausweisen
1. Mausklick (linke Maustaste) in eine freie Zelle, z. B. `B7`.
2. Eingabe der Formel:
   `=SVERWEIS(A7;A1:C5;2;WAHR)`

Sofern sich die Funktion und die zugehörige Verweistabelle auf unterschiedlichen Tabellenblättern befinden, könnte Excel bei aktivierter Funktion `Alternative Formelberechnung` einen falschen Wert ausgeben. Deshalb empfiehlt sich, die genannte Option vor der Anwendung der `SVERWEIS`-Funktion wie folgt zu deaktivieren.

1. Öffnen des Tabellenblattes mit der Verweistabelle.
2. In der Menüleiste auswählen: `Datei` → `Optionen` → `Erweitert`.
3. Im Abschnitt `Lotus-Kompatibilitätseinstellungen` mittels Mausklick (linke Maustaste): Deaktivieren `Alternative Formelberechnung`.
4. Mausklick (linke Maustaste) auf die Schaltfläche `OK`.

2.16.3 WVERWEIS

Sofern die Werte nicht nach Spalten, sondern zeilenweise aufgeteilt wurden, kann die Funktion 'WVERWEIS' verwendet werden.

	A	B	C
1	Buch 1	Buch 2	Buch 3
2	Verlag 1	Verlag 2	Verlag 3
3	1234	2345	3456
4			
5			
6			
7	Buch 2	2345	

Beispiel: Zum angegebenen Titel in der Zelle 'A7' die Bestellnummer ausweisen

1. Mausklick (linke Maustaste) in eine freie Zelle, z. B. 'B7'.
2. Eingabe der Formel:
   =WVERWEIS(A7;A1:C5;3;0)

Erläuterung zur Formel:

A7 = Suchkriterium
A1:C3 = darin steht der auszugebende Wert
3 = Wert der 3. Zeile ist auszugeben
0 = Vorgabe zur genauen Suche

2.17 INDEX und VERGLEICH

=INDEX( )
=VERGLEICH( )

=INDEX(Suchbereich;VERGLEICH(SUCH-KRITERIUM 1;Suchbereich 1;0 oder 1);VERGLEICH(Suchkriterium 2; Suchbereich 2;0 oder 1)

Beispiel: In der Zelle 'C1' soll der Titel zur Bestellnummer aus der Zelle 'A7' ausgegeben werden.

	A	B	C
1	Buch 1	1234	Buch 2
2	Buch 2	2345	
3	Buch 3	3456	
4	Buch 4	4567	
5	Buch 5	5678	
6			
7	2345		

1. Mausklick (linke Maustaste) in die Zelle 'C1'.
2. Eingabe der Formel:
   =INDEX(A1:A5;VERGLEICH(A7;B1:B5;0))

2 Formeln und Funktionen

Erläuterung zur Formel:

A1:A5	= darin steht der auszugebende Wert
A7	= Suchkriterium
B1:B5	= darin ist das Suchkriterium enthalten
0	= Vorgabe für Excel, dass der erste gefundene Wert ausgewiesen werden soll

2.18 Konvertierung

Tipp 1: **Konvertierung von Klein- in Großbuchstaben**

=GROSS(Zelle)

Beispiel: Das Wort 'beispiel' aus der Zelle 'A1' soll in Großbuchstaben konvertiert werden.

1. Mausklick (linke Maustaste) in eine freie Zelle, z. B. 'B1'.
2. Eingabe der Formel:
   =GROSS(A1)

Ergebnis: BEISPIEL

Tipp 2: **Konvertierung von arabischen in römische Zahlen**

=RÖMISCH(Zelle)

2 Formeln und Funktionen

Beispiel: Die Zahl `'15'` aus der Zelle `'A1'` soll in die römische Zahl `'XV'` konvertiert werden.

1. Mausklick (linke Maustaste) in eine freie Zelle, z. B. `'B1'`.
2. Eingabe der Formel:
   `=RÖMISCH(A1)`

Ergebnis: `XV`

2.19 Zeichenkettenfunktionen

Tipp 1: **Teilweise Wiedergabe von Zellinhalten (links beginnend)**

`=LINKS(Zelle;Anzahl der Zeichen)`

Beispiel: In der Zelle `'A1'` steht der Text `'Beispiel - Excel'`. Dieser soll teilweise wiedergegeben werden.

1. Mausklick (linke Maustaste) in eine freie Zelle, z. B. `'B1'`.
2. Eingabe der Formel:
   `=LINKS(A1;8)`

Ergebnis: `Beispiel`

2 Formeln und Funktionen

Tipp 2: **Teilweise Wiedergabe von Zellinhalten (rechts beginnend)**

`=RECHTS(Zelle;Anzahl der Zeichen)`

Beispiel: In der Zelle `'A1'` steht der Text `'Beispiel - Excel'`. Dieser soll teilweise wiedergegeben werden.

1. Mausklick (linke Maustaste) in eine freie Zelle, z. B. `'B1'`.
2. Eingabe der Formel:
   `=RECHTS(A1;5)`

Ergebnis: `Excel`

Tipp 3: **Teilweise Wiedergabe von Zellinhalten (bestimmte Zeichenstelle)**

`=TEIL(Zelle;Stelle;`
`Anzahl der Zeichen)`

Beispiel: In der Zelle `'A1'` steht der Text `'Beispiel - Excel'`. Dieser soll teilweise wiedergegeben werden.

1. Mausklick (linke Maustaste) in eine freie Zelle, z. B. `'B1'`.
2. Eingabe der Formel:
   `=TEIL(A1;10;1)`

Ergebnis: `-`

2 Formeln und Funktionen

Tipp 4: **Wiederholen von Zeichenketten**

=WIEDERHOLEN(Zelle;Anzahl)

Beispiel: In der Zelle 'A1' steht der Text 'Beispiel'. Dieser soll dreimal wiederholt werden.

1. Mausklick (linke Maustaste) in eine freie Zelle, z. B. 'B1'.
2. Eingabe der Formel:
   =WIEDERHOLEN(A1;3)

Ergebnis: BeispielBeispielBeispiel

Tipp 5: **Daten trennen – von links ausgehend**

Beispiel: In der Zelle 'A1' steht der Text 'Beispiel - Excel'. Dieser soll von links ausgehend getrennt werden.

Variante 1:

1. Mausklick (linke Maustaste) in eine freie Zelle, z. B. 'B1'.
2. Eingabe der Formel:
   =LINKS(A1;FINDEN(" ";A1))

Ergebnis: Beispiel

2 Formeln und Funktionen

Variante 2:

1. Mausklick (linke Maustaste) in eine freie Zelle, z. B. `'B1'`.
2. Eingabe der Formel:
   `=LINKS(A1;(SUCHEN(" ";A1)))`

Ergebnis: `Beispiel`

Tipp 6: **Daten trennen – von rechts ausgehend**

Beispiel: In der Zelle `'A1'` steht der Text `'Beispiel - Excel'`. Dieser soll von rechts ausgehend getrennt werden.

Variante 1:

1. Mausklick (linke Maustaste) in eine freie Zelle, z. B. `'B1'`.
2. Eingabe der Formel:
   `=RECHTS(A1;FINDEN(" ";A1))`

Ergebnis: `1 - Excel`

Variante 2:

1. Mausklick (linke Maustaste) in eine freie Zelle, z. B. `'B1'`.
2. Eingabe der Formel:

```
=RECHTS(A1;LÄNGE(A1)-(SUCHEN
(" ";A1)))
```

Ergebnis: - Excel

2.20 Aggregatfunktionen

2.20.1 Minimum

```
=MIN(Bereich)
```

Die Funktion ermittelt den kleinsten Wert eines Bereichs.

Beispiel: Minimum der Zahlen aus der Spalte *'A'*

Variante 1:

1. Mausklick (linke Maustaste) in eine freie Zelle, z.B. *'B1'*.
2. Eingabe der Formel:
   `{=MIN(WENN(A1:A10<>0;A1:A10))}`

   Hinweis: Die geschweifte Klammer ist nicht mit einzugeben, stattdessen ist die Eingabe der Formel mit der Tastenkombination Strg *+* Shift ⇧ *+* Enter ↵ *abzuschließen.*

2 Formeln und Funktionen

Variante 2:

1. Eingabe von Werten, z. B. in die Zellen 'A1' bis 'A5'.
2. Mausklick (linke Maustaste) in eine freie Zelle, z. B. 'B1'.
3. Eingabe der Formel:
   =MIN(A:A)

2.20.2 Den x - kleinsten Wert ermitteln

=KKLEINSTE( )
=KKLEINSTE(Bereich;Rangnummer)

Die Funktion ermittelt den x-kleinsten Wert eines Bereichs.

<u>Beispiel</u>: Den zweitkleinsten Wert der Spalte 'A' anzeigen

1. Eingabe von Werten, z. B. in die Zellen 'A1' bis 'A5'.
2. Mausklick (linke Maustaste) in eine freie Zelle, z. B. 'B1'.
3. Eingabe der Formel:
   =KKLEINSTE(A1:A10;2)

2 Formeln und Funktionen

Hinweis: Der kleinste Wert ist bei Excel '0'. Jeder Wert zählt einzeln, d.h. wenn die Zahl '1' zweimal gefunden wird, ist der zweitkleinste Wert '1'.

2.20.3 Maximum

```
=MAX(Bereich)
```

Die Funktion ermittelt den größten Wert eines Bereichs.

Beispiel: Maximum der Zahlen aus der Spalte `'A'`

1. Eingabe von Werten, z. B. in die Zellen `'A1'` bis `'A5'`.
2. Mausklick (linke Maustaste) in eine freie Zelle, z. B. `'B1'`.
3. Eingabe der Formel:
   `=MAX(A:A)`

Hinweis: Die Zahlen in der Klammer sind ein Beispiel und entsprechend veränderbar. Außerdem kann der Klammerinhalt ergänzt werden. Zu beachten ist hierbei, dass alle Zahlen mit einem Semikolon voneinander zu trennen sind.

2 Formeln und Funktionen

2.20.4 Den x - größten Wert ermitteln

=KGRÖSSTE( )
=KGRÖSSTE(Bereich;Rangnummer)

Die Funktion ermittelt den x-größten Wert eines Bereichs.

Beispiel: Den zweitgrößten Wert der Spalte 'A' anzeigen

1. Eingabe von Werten, z. B. in die Zellen 'A1' bis 'A5'.
2. Mausklick (linke Maustaste) in eine freie Zelle, z. B. 'B1'.
3. Eingabe der Formel:
   =KGRÖSSTE(A1:A10;2)

2.20.5 Rang

=RANG( )
=RANG(Zahl;Bezugsmatrix;Reihenfolge)

Beispiel: Rang der Zahl in der Zelle 'A1' im Vergleich zu den anderen Zahlen der Spalte 'A'

2 Formeln und Funktionen

Variante 1:

1. Eingabe von Werten, z. B. in die Zellen `'A1'` bis `'A5'`.
2. Mausklick (linke Maustaste) in eine freie Zelle, z. B. `'B1'`.
3. Eingabe der Formel:
   `=RANG(A1;A1:A5;1)`

Hinweis: Die Sortierreihenfolge innerhalb der Formel kann wie folgt angegeben werden: 0 = Rang absteigend sortierte Liste; jeder andere Wert = aufsteigend sortierte Liste.

Variante 2:

1. Eingabe von Werten, z. B. in die Zellen `'A1'` bis `'A5'`.
2. Mausklick (linke Maustaste) in eine freie Zelle, z. B. `'B1'`.
3. Eingabe der Formel:
   `{=SUMME(WENN(A1>=$A$1:$A$5;1))}`

Hinweis: Die geschweifte Klammer ist nicht mit einzugeben, stattdessen ist die Eingabe der Formel mit der Tastenkombination Strg + Shift ⇧ + Enter ↵ *abzuschließen.*

2 Formeln und Funktionen

2.20.6 Quantilsrang

```
=QUANTILSRANG( )
=QUANTILSRANG(Bezug;Zahl der Nachkom-
mastellen)
```

Mit der Funktion *'QUANTILSRANG'* kann eine prozentuale Auswertung der Rangstellung ermittelt werden.

1. Eingabe von Werten, z. B. in die Zellen *'A1'* bis *'A5'*.
2. Mausklick (linke Maustaste) in eine freie Zelle, z. B. *'B1'*.
3. In der Menüleiste auswählen: *'Start'*.
4. Mausklick (linke Maustaste) auf das Prozent-Symbol.
5. Eingabe der Formel:
   `=QUANTILSRANG(A1:A5;A1;2)`

2.21 Rechnen

2.21.1 Rechnen über mehrere Tabellenblätter

1. Eingabe der zu berechnenden Werte, z. B. in Zelle `'A1'` der Tabellenblätter 1 bis 3
2. Mausklick (linke Maustaste) in eine freie Zelle, z. B. in Tabelle 1, Zelle `'B1'`.
3. Eingabe der Formel:
   `=SUMME('Tabelle1:Tabelle3'!A1)`

Erläuterung zur Formel:

Gemäß der Formel wird aus den Tabellenblättern 1, 2 und 3 der Zellinhalt `'A1'` addiert.

2.21.2 Rechnen mit Zahlen in einem Text

Tipp 1: Rechnen mit Zahlen am Anfang des Textes

1. Mausklick (linke Maustaste) in eine freie Zelle, z. B. `'A1'`.
2. Eingabe des Ausgangswertes.
3. Mausklick (linke Maustaste) in eine freie Zelle, z. B. `'B1'`.
4. Eingabe des Wertes mit Textanhang.
5. Mausklick (linke Maustaste) in eine freie Zelle, z. B. `'C1'`.

2 Formeln und Funktionen

6. Eingabe der Formel:
   =A1*LINKS(B1;2)%

	A	B
1	19,80	10 % Rabatt

Tipp 2: Rechnen mit Zahlen am Ende des Textes

1. Mausklick (linke Maustaste) in eine freie Zelle, z. B. *'A1'*.
2. Eingabe des Ausgangswertes.
3. Mausklick (linke Maustaste) in eine freie Zelle, z. B. *'B1'*.
4. Eingabe des Wertes mit Textanhang.
5. Mausklick (linke Maustaste) in eine freie Zelle, z. B. *'C1'*.
6. Eingabe der Formel:
   =A1+RECHTS(B1;5)

	A	B
1	19,80	Zuschlag 5,00

Tipp 3: Rechnen mit Zahlen innerhalb des Textes

1. Mausklick (linke Maustaste) in eine freie Zelle, z. B. *'A1'*.
2. Eingabe des Ausgangswertes.

3. Mausklick (linke Maustaste) in eine freie Zelle, z. B. `'B1'`.
4. Eingabe des Wertes mit Textanhang.
5. Mausklick (linke Maustaste) in eine freie Zelle, z. B. `'C1'`.
6. Eingabe der Formel:
   `=A1-TEIL(B1;8;3)`

	A	B
1	19,80	abzgl. 5,00 Rabatt

2.22 Interpolieren

<u>Beispiel</u>: In der Spalte `'A'` stehen drei Werte in zusammenhängenden Zellen. Für die nachfolgenden drei Zellen sollen die fehlenden Werte interpoliert werden.

1. Markieren der ersten drei Werte.
2. Mausklick (linke Maustaste) auf das Ausfüllkästchen unten rechts (kleines schwarzes Quadrat).
3. Linke Maustaste gedrückt halten und Markierung über die anschließenden Felder weiterziehen, in denen die interpolierten Ergebnisse stehen sollen.
4. Maustaste loslassen.

2.23 Zahlen und Formeln in Text umwandeln

1. Eingabe der umzuwandelnden Zahlen und Formeln in bspw. den Zellen `'A1:A5'`.
2. Mausklick (linke Maustaste) in die Zelle `'B1'`. (Falls die Spalte `'B'` nicht leer ist: Markieren der Spalte `'B'` → Mausklick (rechte Maustaste) → `Zellen einfügen`).
3. Eingabe der Formel:
   `=TEXT(A1;"0")`
4. Mausklick (linke Maustaste) auf das Ausfüllkästchen an der rechten unteren Ecke der Formelzelle und mit gedrückter Maustaste soweit nach unten ziehen wie in der Spalte `'A'` umzuwandelnde Werte stehen.
5. Markieren der Spalte `'B'`.
6. Tastenkombination ⌈Strg⌉ + ⌈C⌉ drücken.
7. Mausklick (rechte Maustaste) in die Zelle `'A1'`.
8. In dem sich öffnenden Kontextmenü auswählen: `'Inhalte einfügen...'` → `'Werte'`.
9. Markieren der Spalte `'B'`.
10. Taste ⌈Entf⌉ drücken.

2.24 Finanzmathematische Funktionen

ZW (Zukünftiger Kapitalendwert)
=ZW(Zins;Zzr;Rmz;BW;F)

- Zukünftigen Kapitalendwert, der sich am Ende der Laufzeit einschließlich Zinsen und Zinseszinsen ergibt.

BW (Barwert)
=BW(Zins;Zzr;Rmz;ZW;F)

- Gesamtbetrag einer Investition, wobei der Barwert ausgehend von den regelmäßigen Ratenzahlungen berechnet wird.

Zins (Zinssatz pro Periode)
=ZINS(Zzr;Rmz;Bw;Zw;F;Schätzwert)

- Beispiel: Zinssatz von 5% p.a., bei vierteljährlichen Zahlungen und vierteljährlicher Zinsverrechnung = 5% / 4.

ZZR (Anzahl der Zahlungszeiträume)
=ZZR(Zins;Rmz;Bw;Zw;F)

- Beispiel: Monatliche Zahlung über einen Zeitraum von 3 Jahren: 3 * 12 Monate = 36.

RMZ (Regelmäßige Zahlung)
=RMZ(Zins;Zzr;Bw;Zw;F)

- Regelmäßiger Betrag, der in jeder Periode gezahlt wird.

F (Fälligkeit)

- 0 bedeutet nachschüssig (die Raten sind am Ende der Periode fällig).
- 1 bedeutet vorschüssig (die Raten sind am Anfang der Periode fällig).

Berechnungsbeispiele:

Beispiel: Berechnung des Zinssatzes, wenn 36 Monate lang 260 € für einen 20.000 € - Kredit abgezahlt werden

1. Mausklick (linke Maustaste) in eine freie Zelle, z. B. `'A1'`.
2. Eingabe der Formel:

```
=ZINS(36;-260;20000)
```

Ergebnis: 4 %

Beispiel: Berechnung des Guthabens, wenn 5 Jahre lang bei einem Zinssatz von 2 % monatlich 250 € gespart werden

1. Mausklick (linke Maustaste) in eine freie Zelle, z. B. *'A1'*.
2. Eingabe der Formel:
   ```
   =ZW(2%/12;5*12;-250)
   ```

Ergebnis: 15.761,84 €

2.25 Datum & Zeit

2.25.1 Allgemeines

In Excel entspricht jedes Datum einer ganzen positiven Zahl und jede Uhrzeit einer Dezimalzahl zwischen 0 und 1. Wenn demnach einer Zelle mit einem Datum nachträglich das Zellformat *'Standard'* zugewiesen wird, wandelt Microsoft® Excel das Datum entsprechend um.

2 Formeln und Funktionen

Beispiel:

aus: 24.01.1970 wird: 25592
aus: 15:50 wird: 0,659722222222222
aus: 24.01.1970 15:50 wird: 25592,6597222222

Standardmäßig wandelt Excel Zahlen, die als Datum interpretiert werden können, automatisch als Datum um.

Beispiel:

Aus: 24-1 wird: 24. Jan

Zu beachten ist, dass bei Microsoft® Excel die Zeitrechnung erst am `'01.01.1900, 00:00 Uhr'` beginnt. Vor dieser Zeit liegenden Daten werden als Text interpretiert und linksbündig ausgerichtet.

Die Umwandlung kann verhindert werden, indem man der Zahlenangabe ein Apostroph voranstellt, z. B. `'24-1`.

Hinweis: Von Excel werden alle durch 100 teilbare Jahreszahlen als Schaltjahre erkannt, tatsächlich sind es aber nur die, die durch 4 teilbar sind. Deshalb wird das Jahr 1900 in Excel fälschlicherweise als Schaltjahr ausgewiesen, obgleich es das Datum 29.02.1900 gar nicht gibt.

2.25.2 Eingabemöglichkeiten

<u>Tipp</u> 1: **Formate**

1. Mausklick (rechte Maustaste) in eine freie Zelle, z. B. `'A1'`.
2. In dem sich öffnenden Kontextmenü: Mausklick (linke Maustaste) auf `'Zellen formatieren...'`.
3. In dem sich öffnenden Dialogfenster: Auswählen der Registerkarte `'Zahlen'`.
4. Im Feld `'Kategorie'` Auswahl des gewünschten Eintrages:
    a. Datum
    b. Uhrzeit
    c. Benutzerdefiniert
5. Im Feld `'Typ'` Auswahl des gewünschten Formats.
6. Mausklick (linke Maustaste) auf die Schaltfläche `'OK'`.

2 Formeln und Funktionen

<u>Beispiel</u>:

Zeit	Format	Ergebnis
25:10:20	hh:mm	01:10
25:10:20	[h]:mm	25:10
25:10:20	[m]:ss	1510:20
25:10:20	[m]	1510
25:10:20	[s]	90620
25:10:20	h	1
25:10:20	m	10
25:10:20	s	20

Hinweis: Die eingestellten Zellformate werden auch beim Schließen und erneutem Öffnen der Datei beibehalten. Ausnahme bildet das Format 'm', welches beim erneuten Öffnen der Datei als 'Monat' interpretiert wird.

<u>Tipp</u> 2: Datumseingabe über Ziffernblock

1. Mausklick (linke Maustaste) in eine freie Zelle, z. B. 'A1'.
2. Eingabe des Datums, wobei statt Trennpunkt ein Minuszeichen zu verwenden ist.

<u>Tipp</u> 3: Datum ohne Punkt formatieren

1. Mausklick (rechte Maustaste) in eine freie Zelle, z. B. 'A1'.

2. In dem sich öffnenden Kontextmenü: Mausklick (linke Maustaste) auf 'Zellen formatieren...'.
3. In dem sich öffnenden Dialogfenster: Auswählen der Registerkarte 'Zahlen'.
4. Im Feld 'Kategorie' Auswahl des gewünschten Eintrages: 'Benutzerdefiniert'.
5. Im Feld 'Typ' Eingabe des Formats TT""MMJJJJ.
6. Mausklick (linke Maustaste) auf die Schaltfläche 'OK'.
7. Eingabe des Datums in die Zelle 'A1'.

2.25.3 Datum nach Monat sortieren

Variante 1:

1. In Spalte 'A' Eingabe der Daten.
2. In Spalte 'B' Eingabe der Formel:
=MONAT(A2)
In der Spalte 'B' wird nun der Monat ausgegeben, nach dem die Zeilen entsprechend sortiert werden können.

2 Formeln und Funktionen

	A	B
1	Datum	Monat
2	24.03.1972	=MONAT(A2)
3	24.01.1970	=MONAT(A3)
4	24.01.1971	=MONAT(A4)

3. Markieren der Spalten `'A'` und `'B'`.
4. In der Menüleiste auswählen: `'Daten'` → `'Sortieren'`.
5. Im Feld `'Sortieren nach'` Auswahl der Spalte `'B'`.
6. Mittels Mausklick (linke Maustaste) Auswahl der Option `'Aufsteigend'` oder `'Absteigend'`.
7. Mausklick (linke Maustaste) auf die Schaltfläche `'OK'`.

Variante 2:

1. In Spalte `'A'` Eingabe der Daten.
2. In die Zelle `'B1'` Eingabe der Formel:
   =DATUM(0;MONAT(A1);TAG(A1))
3. Kopieren der Formel in alle Zeilen von `'B'`, die in der Spalte `'A'` Daten enthalten.
4. Markieren der Spalten `'A'` und `'B'`.
5. In der Menüleiste auswählen: `'Daten'` → `'Sortieren'`.

2 Formeln und Funktionen

6. Im Feld *'Sortieren nach'* Auswahl der Spalte *'B'*.
7. Mittels Mausklick (linke Maustaste) Auswahl der Option *'Aufsteigend'* oder *'Absteigend'*.
8. Mausklick (linke Maustaste) auf die Schaltfläche *'OK'*.
9. Löschen der Spalte *'B'*.

2.25.4 Verknüpfungen - Datum

<u>Tipp</u> 1: **Jahr mit 01.01. verknüpfen**

<u>Beispiel</u>: In der einen Spalte werden die Jahre eingegeben und in der anderen Spalte wird automatisch der 01.01. ergänzt.

1. Mausklick (linke Maustaste) in eine freie Zelle, bspw. *'A1'*.
2. Eingabe der Jahreszahl, bspw. *'2014'*.
3. Mausklick (linke Maustaste) in eine freie Zelle mit dem Format *'Standard'*, bspw. *'B1'*.
4. Eingabe der Formel:
   `="01.01."&A1`

2 Formeln und Funktionen

Nun braucht lediglich das Jahr in der Zelle mit der Jahresangabe verändert werden und alle anderen Daten ändern sich automatisch.

Tipp 2: Datum mit Text verknüpfen

1. Mausklick (linke Maustaste) in eine freie Zelle, bspw. 'A1'.
2. Eingabe des Textes.
3. Mausklick (linke Maustaste) in eine freie Zelle, bspw. 'B1'.
4. Eingabe des Datums
5. Mausklick (linke Maustaste) in eine Zelle, bspw. 'C1'.
6. Eingabe der Formel:
   =A1&" "&TEXT(B1;"TT.MM.JJ")

Tipp 3: Ort und Datum mit Aktualisierungsmöglichkeit

1. Mausklick (linke Maustaste) in eine freie Zelle, bspw. 'A1'.
2. Eingabe des Datums.
3. Mausklick (linke Maustaste) in eine freie Zelle, bspw. 'B1'.
4. Eingabe des Ortes.
5. Mausklick (linke Maustaste) in eine Zelle, bspw. 'C1'.

2 Formeln und Funktionen

6. Eingabe der Formel:
   `=B1&", den"&A1`

2.25.5 Addieren – Datum

Tipp 1: **Jahre einem Datum hinzuaddieren**

Variante 1: A1 (Datum) + B1 (Jahre)

1. Mausklick (linke Maustaste) in eine freie Zelle, z. B. `'A1'`.
2. Eingabe des Datums.
3. Mausklick (linke Maustaste) in eine freie Zelle, z. B. `'B1'`.
4. Eingabe der zu addierenden Jahre.
5. Mausklick (linke Maustaste) in eine freie Zelle, z. B. `'C1'`.
6. Eingabe der Formel:
   `=DATUM(JAHR(A1)+B1;MONAT(A1);TAG(A1))`

Variante 2: Zum aktuellen Jahr in der Zelle A1 sollen 5 Jahre hinzuaddiert werden.

1. Mausklick (linke Maustaste) in eine freie Zelle, z. B. `'A1'`.
2. Eingabe des Datums.

2 Formeln und Funktionen

3. Mausklick (linke Maustaste) in eine freie Zelle, z. B. `'B1'`.
4. Eingabe der Formel:
   `=DATUM(JAHR(A1)+5;MONAT(A1);TAG(A1))`

Tipp 2: **Monate einem Datum hinzuaddieren**

Beispiel: A1 (DATUM) + B1 (MONATE)

1. Mausklick (linke Maustaste) in eine freie Zelle, z. B. `'A1'`.
2. Eingabe des Datums.
3. Mausklick (linke Maustaste) in eine freie Zelle, z. B. `'B1'`.
4. Eingabe der zu addierenden Monate.
5. Mausklick (linke Maustaste) in eine freie Zelle, z. B. `'C1'`.
6. Eingabe der Formel:
   `=DATUM(JAHR(A1);MONAT(A1)+B1;TAG(A1))`

2.25.6 Datumsdifferenz ermitteln

`=DATEDIF( )`

Differenz in	=Formel( )
Jahren	=DATEDIF(Anfangsdatum;Enddatum;"y")
Monaten	=DATEDIF(Anfangsdatum;Enddatum;"m")
Tagen	=DATEDIF(Anfangsdatum;Enddatum;"d")
Tage im selben Jahr	=DATEDIF(Anfangsdatum;Enddatum;"yd")
Monaten im selben Jahr	=DATEDIF(Anfangsdatum;Enddatum;"ym")
Tage im selben Jahr und Monat	=DATEDIF(Anfangsdatum;Enddatum;"md")

Tipp 1: **Datumsdifferenz in Jahren ermitteln**

1. Mausklick (linke Maustaste) in eine freie Zelle, z. B. 'A1'.
2. Eingabe des Anfangsdatums.
3. Mausklick (linke Maustaste) in eine freie Zelle, z. B. 'B1'.
4. Eingabe des Enddatums.

2 Formeln und Funktionen

5. Mausklick (linke Maustaste) in eine freie Zelle, z. B. `C1`.
6. Eingabe der Formel:
   `=DATEDIF(A1;B1;"Y")`
   Nun zeigt Excel die Differenz beider Daten in Jahren an.

Tipp 2: **Differenz in Monaten ermitteln, wenn Differenz <= 12 Monate**

1. In der Menüleiste auswählen: `Datei` → `Optionen` → `Erweitert`.
2. Im Abschnitt `Beim Berechnen der Arbeitsmappe` mittels Mausklick (linke Maustaste): Deaktivieren `1904-Datumswerte verwenden`.
3. Mausklick (linke Maustaste) auf die Schaltfläche `OK`.
4. Mausklick (linke Maustaste) in eine freie Zelle, z. B. `A1`.
5. Eingabe des Enddatums.
6. Mausklick (linke Maustaste) in eine freie Zelle, z. B. `B1`.
7. Eingabe des Anfangsdatums.
8. Mausklick (linke Maustaste) in eine freie Zelle, z. B. `C1`.
9. Eingabe der Formel:

2 Formeln und Funktionen

```
=MONAT(A1-B1)
```

Tipp 3: **Datumsdifferenz in Jahren, Monaten, Tagen ermitteln**

1. Mausklick (linke Maustaste) in eine freie Zelle, z. B. *'A1'*.
2. Eingabe des Anfangsdatums.
3. Mausklick (linke Maustaste) in eine freie Zelle, z. B. *'B1'*.
4. Eingabe des Enddatums.
5. Mausklick (linke Maustaste) in eine freie Zelle, z. B. *'C1'*.
6. Eingabe der Formel:
   ```
   =DATEDIF(A1;B1;"y")&"Jahre,
   "&DATEDIF(A1;B1;"ym")&"Monate
   und
   "&DATEDIF(A1;B1;"MD")&"Tage"
   ```

2.25.7 Aktuelles Datum

Tipp 1: **Aktuelles Tagesdatum eingeben**

1. Mausklick (linke Maustaste) in eine freie Zelle, z. B. *'C1'*.
2. Eingabe der Formel:
   ```
   =heute( )
   ```

2 Formeln und Funktionen

<u>Tipp</u> 2: **Aktuelles Tagesdatum und Uhrzeit eingeben**

1. Mausklick (linke Maustaste) in eine freie Zelle, z. B. `'C1'`.
2. Eingabe der Formel:
   `=jetzt( )`

<u>Tipp</u> 3: **Zelle mit aktuellem Datum automatisch hervorheben**

Mittels der Funktionalität `'Bedingte Formatierung'` ist es in Microsoft® Excel möglich, eine Zelle, die das aktuelle Datum enthält, automatisch hervorzuheben.

1. Markieren der Spalte, in der die Datumsangaben stehen.
2. In der Menüleiste auswählen: `'Start'` → `'Bedingte Formatierung'`.
3. Auswahl des Eintrages `'Regeln zum Hervorheben von Zellen'` → `Gleich...'`.
4. Eingabe der Formel:
   `=HEUTE()`
5. Auswahl der gewünschten Formatierung.
6. Mausklick (linke Maustaste) auf die Schaltfläche `'OK'`.

2 Formeln und Funktionen

Damit wird das Dialogfenster der `'Bedingten Formatierung'` *geschlossen.*

Hinweis: Es ist darauf zu achten, dass das Systemdatum korrekt eingestellt ist.

2.25.8 Quartal einem Datum zuordnen

Beispiel: In der Zelle `'A1'` steht ein Datum, von dem ausgehend das Quartal zu ermitteln ist

Variante 1:

1. Mausklick (linke Maustaste) in eine freie Zelle, z. B. `'A1'`.
2. Eingabe des Datums.
3. Mausklick (linke Maustaste) in eine freie Zelle, z. B. `'B1'`.
4. Eingabe der Formel:
   `=WENN(ISTZAHL(A1);AUFRUNDEN(MONAT(A1)/3;0)&".QUARTAL";"")`

Variante 2: (eignet sich zum Weiterrechnen)

1. Mausklick (linke Maustaste) in eine freie Zelle, z. B. `'A1'`.
2. Eingabe des Datums.
3. Mausklick (linke Maustaste) in eine freie Zelle, z. B. `'B1'`.

4. Eingabe der Formel:
   =AUFRUNDEN(MONAT(A1)/3;0)

<u>Erläuterung zur Formel</u>:

Zuerst wird der Wert des Monats berechnet, danach dieser durch 3 geteilt (da ein Quartal aus 3 Monaten besteht) und abschließend das Ergebnis auf die nächste ganze Zahl gerundet (deshalb Parameter '0').

Variante 3:

1. Mausklick (linke Maustaste) in eine freie Zelle, z. B. 'A1'.
2. Eingabe des Datums.
3. Mausklick (linke Maustaste) in eine freie Zelle, z. B. 'B1'.
4. Eingabe der Formel:
   =WENN(MONAT(A1)>9;"Quartal IV";WENN(MONAT(A1)>6;"Quartal III";WENN(MONAT(A1)>3;"Quartal II";"Quartal I")))

2.25.9 Kalenderwoche einem Datum zuordnen

Beispiel: Dem Datum aus der Zelle *'A1'* automatisch die Kalenderwoche zuweisen

Variante 1:

1. Mausklick (linke Maustaste) in eine freie Zelle, z. B. *'A1'*.
2. Eingabe des Datums.
3. Mausklick (linke Maustaste) in eine freie Zelle, z. B. *'B1'*.
4. Eingabe der Formel:
   `=Kalenderwoche(A1)`

Variante 2:

1. Mausklick (linke Maustaste) in eine freie Zelle, z. B. *'A1'*.
2. Eingabe des Datums.
3. Mausklick (linke Maustaste) in eine freie Zelle, z. B. *'B1'*.
4. Eingabe der Formel:
   `=KÜRZEN((A1-WOCHENTAG(A1;2)-DATUM(JAHR(A1+4-WOCHENTAG(A1;2));1;-10))/7)&".KW"`

2 Formeln und Funktionen

Hinweis: Sofern mit dem Ergebnis weitergerechnet werden soll, empfiehlt es sich, den Textanhang '&".KW' wegzulassen.

2.25.10 Wochentag & Wochenenden

<u>Tipp</u> 1: **Einem Datum den Wochentag zuordnen**

1. Mausklick (linke Maustaste) in eine freie Zelle, z. B. `'A1'`.
2. Eingabe des gewünschten Datums.
3. Mausklick (rechte Maustaste) auf die Zelle mit dem eingetragenen Datum.
4. In dem sich öffnenden Kontextmenü: Mausklick (linke Maustaste) auf `'Zellen formatieren...'`.
5. In dem sich öffnenden Dialogfenster: Auswählen der Registerkarte `'Zahlen'`.
6. Im Feld `'Kategorie'` Auswahl der Eintrages `'Benutzerdefiniert'`.
7. Im Feld `'Typ'` Eingabe des gewünschten Formats.
8. Mausklick (linke Maustaste) auf die Schaltfläche `'OK'`.

2 Formeln und Funktionen

Beispiel:

Eingabe	Format	Ergebnis
01.01.2014	TTT	Mi
01.01.2014	TTTT	Mittwoch
01.01.2014	TTT,TT.MM.JJ	Mo,01.01.14
01.01.2014	TT.MM.JJ	01.01.14

Tipp 2: **Wochentag zu einem Tag anzeigen**

Beispiel: Wochentag als Zahl anzeigen

1. In Zelle 'A1': Eingabe eines Datums.
2. Mausklick (linke Maustaste) in eine freie Zelle, z. B. 'B1'.
3. Eingabe der Formel:
   =WOCHENTAG(A1)

Hinweis: Achten Sie bitte darauf, dass je nach Einstellung die Woche mit Sonntag oder Montag beginnt.

Beispiel: Wochentag als Zahl, danach als Text anzeigen

1. In Zelle 'A1': Eingabe eines Datums.
2. Mausklick (linke Maustaste) in eine freie Zelle, z. B. 'B1'.
3. Eingabe der Formel:
   =WOCHENTAG(A1)
4. Mausklick (linke Maustaste) in die Zelle 'B1'.

2 Formeln und Funktionen

5. Mausklick (rechte Maustaste) auf die Zelle mit dem eingetragenen Datum.
6. In dem sich öffnenden Kontextmenü: Mausklick (linke Maustaste) auf `'Zellen formatieren...'`.
7. In dem sich öffnenden Dialogfenster: Auswählen der Registerkarte `'Zahlen'`.
8. Im Feld `'Kategorie'` Auswahl der Eintrages `'Benutzerdefiniert'`.
9. Im Feld `'Typ'` Eingabe des Formats `TTTT`.
10. Mausklick (linke Maustaste) auf die Schaltfläche `'OK'`.

Beispiel: Wochentag als Text anzeigen

1. In die Zelle `'A1'`: Eingabe eines Datums.
2. Mausklick (linke Maustaste) in eine freie Zelle, z. B. `'B1'`.
3. Eingabe der Formel:
   `=TEXT(A1;"TTTT")`

Tipp 3: **Wochenenden farbig gestalten**

1. Mausklick (linke Maustaste) in eine freie Spalte, z. B. `'A'`.
2. Eingabe der Daten.
3. Markieren der eingegebenen Daten.

4. Mausklick (rechte Maustaste) auf die markierten Zellen.
5. In dem sich öffnenden Kontextmenü: Mausklick (linke Maustaste) auf `'Zellen formatieren...'`.
6. In dem sich öffnenden Dialogfenster: Auswählen der Registerkarte `'Zahlen'`.
7. Im Feld `'Kategorie'` Auswahl der Eintrages `'Benutzerdefiniert'`.
8. Im Feld `'Typ'` Eingabe des Formats `TTT`.
9. Mausklick (linke Maustaste) auf die Schaltfläche `'OK'`.
10. Mausklick (linke Maustaste) in die Zelle `'A1'`.
11. In der Menüleiste auswählen: `'Start'` → `'Bedingte Formatierung'`.
12. Auswahl des Eintrages `'Neue Formel...'` → `'Formel zur Ermittlung der zu formatierenden Zellen verwenden'`.
13. Eingabe der Formel:
    `=WOCHENTAG(A1;2)>5`
14. Mausklick (linke Maustaste) auf die Schaltfläche `'Formatieren...'`.
15. In dem sich öffnenden Dialogfenster: Auswahl der Registerkarte `'Ausfüllen'`.
16. Auswahl der gewünschten Formatierungen.

2 Formeln und Funktionen

17. Mausklick (linke Maustaste) auf die Schaltfläche `'OK'`.

    Damit wird die Registerkarte geschlossen.

18. Mausklick (linke Maustaste) auf die Schaltfläche `'OK'`.

    Damit wird das Dialogfenster der `'Bedingten Formatierung'` geschlossen.

19. Mausklick (linke Maustaste) auf die Zelle `'A1'`.
20. Mit gedrückter linker Maustaste auf das Ausfüllkästchen der Zelle (rechts unten) die Formel mit der Formatierung soweit wie nötig nach unten ziehen.

Tipp 4: Datumsreihe ohne Wochenende auflisten

1. Mausklick (linke Maustaste) in eine freie Spalte, z. B. `'A'`.
2. Eingabe des Datums für einen Montag.
3. Markieren der eingegebenen Daten.
4. Mausklick (rechte Maustaste) auf die markierten Zellen.
5. In dem sich öffnenden Kontextmenü: Mausklick (linke Maustaste) auf `'Zellen formatieren...'`.
6. In dem sich öffnenden Dialogfenster: Auswählen der Registerkarte `'Zahlen'`.

2 Formeln und Funktionen

7. Im Feld `'Kategorie'` Auswahl der Eintrages `'Benutzerdefiniert'`.
8. Im Feld `'Typ'` Eingabe des Formats `TTTT`.
9. Mausklick (linke Maustaste) auf die Schaltfläche `'OK'`.
10. Markieren so vieler nachfolgender Zellen wie ausgefüllt werden sollen.
11. In der Menüleiste auswählen: `'Start'`.
12. Mausklick (links) auf das Symbol `'Füllbereich'` → `'Reihe...'`.
13. Mittels Mausklick (linke Maustaste) Aktivieren der Option `'Wochentag'`.
14. Mausklick (linke Maustaste) auf die Schaltfläche `'OK'`.

2.25.11 Nettoarbeitstage berechnen

Mit der Funktion 'Nettoarbeitstage' ist es möglich, die Anzahl von Arbeitstagen zwischen zwei Daten zu berechnen.

Tipp 1: Berechnen von Nettoarbeitstagen (mit einer festen Formel)

1. Mausklick (linke Maustaste) in eine beliebige Zelle, z. B. `'A1'`.
2. Eingabe der Formel:

2 Formeln und Funktionen

```
= Nettoarbeitstage
("24.01.14";"24.03.14")
```
3. Ändern des Formats der Ergebniszelle in `'Standard'` (sofern notwendig) wie folgt:
4. Mausklick (rechte Maustaste).
5. In dem sich öffnenden Kontextmenü: Mausklick (linke Maustaste) auf `'Zellen formatieren...'`.
6. In dem sich öffnenden Dialogfenster: Auswählen der Registerkarte `'Standard'`.
7. Mausklick (linke Maustaste) auf die Schaltfläche `'OK'`.

Tipp 2: Berechnen von Nettoarbeitstagen (mit einer variablen Formel)

1. Mausklick (linke Maustaste) in eine beliebige Zelle, z. B. `'A1'`.
2. Eingabe des Anfangsdatums.
3. Mausklick (linke Maustaste) in eine beliebige Zelle, z. B. `'B1'`.
4. Eingabe des Enddatums.
5. Mausklick (linke Maustaste) in eine beliebige Zelle, z. B. `'C1'`.
6. Eingabe der Formel:
   `=Nettoarbeitstage(A1;B1)`

2 Formeln und Funktionen

7. Ändern des Formats der Ergebniszelle in `'Standard'` (sofern notwendig) wie folgt:
8. Mausklick (rechte Maustaste).
9. In dem sich öffnenden Kontextmenü: Mausklick (linke Maustaste) auf `'Zellen formatieren...'`.
10. In dem sich öffnenden Dialogfenster: Auswählen der Registerkarte `'Standard'`.
11. Mausklick (linke Maustaste) auf die Schaltfläche `'OK'`.

2.25.12 Datum berechnen

<u>Tipp</u> 1: **Letzten Tag des Monats**

1. Mausklick (linke Maustaste) in eine beliebige Zelle, z. B. `'A1'`.
2. Eingabe eines Datums.
3. Mausklick (linke Maustaste) in eine beliebige Zelle, z. B. `'B1'`.
4. Eingabe der Formel:
   `=DATUM(JAHR(A1);MONAT(A1)+1;0)`

2 Formeln und Funktionen

Tipp 2: **Feiertage, die sich auf Weihnachten beziehen**

=DATUM(Jahr;Monat;Tag)
=WOCHENTAG(Zahl;Typ)

Beispiel: Ermitteln des Datums für den 4. Advent 2014

1. Mausklick (linke Maustaste) in eine beliebige Zelle, z. B. 'A1'.
2. Eingabe der Jahreszahl.
3. Formatieren der Ergebniszelle, z. B. 'A2' mit dem Format 'TT.MM.JJJJ'.
4. Ändern des Formats der Ergebniszelle, z. B. 'A2' in 'TT.MM.JJJJ' wie folgt:
5. Mausklick (rechte Maustaste).
6. In dem sich öffnenden Kontextmenü: Mausklick (linke Maustaste) auf 'Zellen formatieren...'.
7. In dem sich öffnenden Dialogfenster: Auswählen der Registerkarte 'Datum'.
8. Auswahl des gewünschten Formats.
9. Mausklick (linke Maustaste) auf die Schaltfläche 'OK'.
10. Eingabe der Formel:
    =DATUM(A1;12;25)-WOCHENTAG(DATUM(A1;12;25);2)

Alle weiteren Tage errechnen sich ausgehend vom 4. Advent wie die Spalte mit den Formelinhalten in nachstehende Übersicht zeigt.

Weitere Beispiele:

	A	Formel in B	B
1	2014		
2	2. Weihnachtsfeiertag	=DATUM(A1;12;26)	26.12.2014
3	1. Weihnachtsfeiertag	=DATUM(A1;12;25)	25.12.2014
4	Heiligabend	=DATUM(A1;12;24)	24.12.2014
5	4. Advent	=DATUM(A1;12;25)-WOCHENTAG(DATUM(A1;12;25);2)	21.12.2014
6	3. Advent	=B5-7	14.12.2014
7	2. Advent	=B5-14	07.12.2014
8	1. Advent	=B5-21	30.11.2014
9	Totensonntag	=B5-28	23.11.2014
10	Buß- und Bettag	=B5-32	19.11.2014
11	Volkstrauertag	=B5-35	16.11.2014

2 Formeln und Funktionen

Tipp 3: **Feiertage, die sich auf Ostersonntag beziehen**

Mit der `'Osterformel'` kann der Ostersonntag für die Jahre 1900 bis 2078 ermittelt werden.

Auch mit Microsoft® Excel können Feiertage, die sich auf den Ostersonntag beziehen, errechnet werden. Dabei ist zu beachten, dass die Option `'1904-Datumswerte'` deaktiviert ist.

1. In der Menüleiste auswählen: `'Datei'` → `'Optionen'` → `'Erweitert'`.
2. Im Abschnitt `'Beim Berechnen dieser Arbeitsmappe'` mittels Mausklick (linke Maustaste): Deaktivieren `'1904-Datumswerte verwenden'`.
3. Mausklick (linke Maustaste) auf die Schaltfläche `'OK'`.

Beispiel: Ermitteln des Datums für den Ostersonntag

1. Mausklick (linke Maustaste) in eine beliebige Zelle, z. B. `'A1'`.
2. Eingabe der Jahreszahl.
3. Formatieren der Ergebniszelle, z. B. `'A2'` mit dem Format `'TT.MM.JJJJ'`.
4. Ändern des Formats der Ergebniszelle, z. B. `'A2'` in `'TT.MM.JJJJ'` wie folgt:

2 Formeln und Funktionen

5. Mausklick (rechte Maustaste).
6. In dem sich öffnenden Kontextmenü: Mausklick (linke Maustaste) auf `'Zellen formatieren...'`.
7. In dem sich öffnenden Dialogfenster: Auswählen der Registerkarte `'Datum'`.
8. Auswahl des gewünschten Formats.
9. Mausklick (linke Maustaste) auf die Schaltfläche `'OK'`.
10. Eingabe der Formel:
    `=DM((TAG(MINUTE(A1/38)/2+55) &".4."&A1)/7;)*7-6`

Alle weiteren Tage errechnen sich ausgehend vom Ostersonntag wie die Spalte mit den Formelinhalten in nachstehende Übersicht zeigt.

2 Formeln und Funktionen

	A	Formel in B	B
1	2014		
2	Fronleichnam	=B7+60	19.06.2014
3	Pfingstmontag	=B7+50	09.06.2014
4	Pfingstsonntag	=B7+49	08.06.2014
5	Christi Himmelfahrt	=B7+39	29.05.2014
6	Ostermontag	=B7+1	21.04.2014
7	Ostersonntag	=DM(((TAG(MINUTE(A1/38)/2+55)&".4."&A1)/7;)*7-6	20.04.2014
8	Karfreitag	=B7-2	18.04.2014
9	Aschermittwoch	=B7-46	05.03.2014
10	Fastnacht	=B7-47	04.03.2014
11	Rosenmontag	=B7-48	03.03.2014

Tipp 4: **Beginn / Ende der Sommerzeit**

Mit Microsoft® Excel können feststehende Daten, bspw. der Beginn und das Ende der Sommerzeit (stets der letzte Sonntag im März bis letzten Sonntag im Oktober) berechnet werden.

Beispiel: Beginn der Sommerzeit im Jahr 2014

1. Mausklick (linke Maustaste) in eine beliebige Zelle, z. B. *'A1'*.

2. Eingabe der Formel:
   `=Datum(2014;3;31)-`
   `(Wochentag(Datum(2004;3;31))-1)`

Beispiel: Ende der Sommerzeit im Jahr 2014

1. Mausklick (linke Maustaste) in eine beliebige Zelle, z. B. `'A1'`.
2. Eingabe der Formel:
   `=Datum(2014;10;31)-`
   `(Wochentag(Datum(2004;10;31))`
   `-1)`

Erläuterung zur Formel:

`=Datum(Jahr;Monat;Tag)` = letzter Tag in dem Monat
`=Wochentag(Datum(Jahr;Monat;Tag)`
= Wochentag des Datums (hier: Sonntag = 1)

2.25.13 Berechnungen – Zeit

Folgende Angaben bilden für Rechenoperationen mit Stunden und Minuten in Excel die Grundlage:

Tag	= 1	
Stunde	= 1/24	= 0,04166666 eines Tages
Minute	= 1/1.440	= 0,00069444 eines Tages

2 Formeln und Funktionen

Bei der Eingabe einer Stundenzahl mit `':'`, z. B. `'17:00'`, setzt Excel automatisch das Format `'hh:mm'`.

Tipp 1: **Rechnen mit Sekunden**

1. Mausklick (linke Maustaste) in eine beliebige Zelle, z. B. `'A1'`.
2. Eingabe der Uhrzeit mit dem Zahlenformat: `'hh:mm:ss'`.
3. Mausklick (linke Maustaste) in eine beliebige Zelle, z. B. `'B1'`.
4. Eingabe der Formel:
   =A1*24*60*60
5. Ändern des Formats der Ergebniszelle in `'Standard'` wie folgt:
6. Mausklick (rechte Maustaste).
7. In dem sich öffnenden Kontextmenü: Mausklick (linke Maustaste) auf `'Zellen formatieren...'`.
8. In dem sich öffnenden Dialogfenster: Auswählen der Registerkarte `'Standard'`.
9. Mausklick (linke Maustaste) auf die Schaltfläche `'OK'`.

2 Formeln und Funktionen

<u>Tipp</u> 2: **Rechnen mit Hundertstel-Sekunden**

1. Markieren der betreffenden Zellen.
2. Formatieren der Zellen mit dem benutzerdefinierten Format: `'mm:ss,00'` wie folgt:
3. Mausklick (rechte Maustaste).
4. In dem sich öffnenden Kontextmenü: Mausklick (linke Maustaste) auf `'Zellen formatieren...'`.
5. In dem sich öffnenden Dialogfenster: Auswählen der Registerkarte `'Zahlen'`.
6. Im Feld `'Kategorie'` Auswahl der Eintrages `'Benutzerdefiniert'`.
7. Im Feld `'Typ'` Auswahl des Eintrages: `'mm:ss,00'` (bzw. Neueingabe, falls nicht vorhanden).
8. Mausklick (linke Maustaste) auf die Schaltfläche `'OK'`.

Hinweis: Da Microsoft® Excel keine Hundertstel-Sekunden kennt, muss auf das benutzerdefinierte Format zurückgegriffen werden.

2 Formeln und Funktionen

Tipp 3: **Rechnen mit Minuten**

Beispiel:

1. Mausklick (linke Maustaste) in eine beliebige Zelle, z. B. `'A1'`.
2. Eingabe der Uhrzeit mit dem Zahlenformat: `hh:mm:ss`.
3. Mausklick (linke Maustaste) in eine beliebige Zelle, z. B. `'B1'`.
4. Eingabe der Formel:
   `=A1*24*60`
5. Ändern des Formats der Ergebniszelle in `'Standard'` wie folgt:
6. Mausklick (rechte Maustaste).
7. In dem sich öffnenden Kontextmenü: Mausklick (linke Maustaste) auf `'Zellen formatieren...'`.
8. In dem sich öffnenden Dialogfenster: Auswählen der Registerkarte `'Standard'`.
9. Mausklick (linke Maustaste) auf die Schaltfläche `'OK'`.

Beispiel:

1. Mausklick (linke Maustaste) in eine beliebige Zelle, z. B. `'A1'`.

2 Formeln und Funktionen

2. Eingabe der Uhrzeit, z. B. `09:30`
3. Mausklick (linke Maustaste) in eine beliebige Zelle, z. B. `'B1'`.
4. Eingabe der Formel
   `= Stunde(A1)*60+Minute(A1)`
5. Ändern des Formats der Ergebniszelle in `'Standard'` wie folgt:
6. Mausklick (rechte Maustaste).
7. In dem sich öffnenden Kontextmenü: Mausklick (linke Maustaste) auf `'Zellen formatieren...'`.
8. In dem sich öffnenden Dialogfenster: Auswählen der Registerkarte `'Standard'`.
9. Mausklick (linke Maustaste) auf die Schaltfläche `'OK'`.

Tipp 4: Runden von Minuten

1. Mausklick (linke Maustaste) in eine beliebige Zelle, z. B. `'A1'`.
2. Eingabe der Uhrzeit mit dem Zahlenformat: `hh:mm:ss`.
3. Mausklick (linke Maustaste) in eine beliebige Zelle, z. B. `'B1'`.
4. Eingabe der Formel
   `=AUFRUNDEN(A1*1440;0)/1440`

2 Formeln und Funktionen

Erläuterung zur Formel:
In Microsoft® Excel werden Zeiten als Bruchteile von Tagen gespeichert. Daraus folgt: 1 Minute = 1/1440 (1/24/60)

Tipp 5: **Rechnen mit Stunden**

Hinweis: Bei Berechnungen von Zeiten ist es besonders wichtig, auf die Richtigkeit des Formats zu achten, denn Excel muss erkennen können, dass bei 60 Minuten eine ganze Stunde erreicht ist.

Beispiel: Anzeige einer Zeit > 24 Stunden

1. Mausklick (linke Maustaste) in eine freie Zelle, z. B. `'A1'`.
2. Eingabe der ersten Uhrzeit.
3. Mausklick (linke Maustaste) in eine freie Zelle, z. B. `'B1'`.
4. Eingabe der zweiten Uhrzeit.
5. Mausklick (linke Maustaste) in eine freie Zelle, z. B. `'C1'`.
6. Eingabe der zu addierenden Stunden, z. B. =A1+B1
7. Markieren der Zellen `'A1'`, `'B1'` und `'C1'`.
8. Mausklick (rechte Maustaste).

2 Formeln und Funktionen

9. In dem sich öffnenden Kontextmenü: Mausklick (linke Maustaste) auf `'Zellen formatieren...'`.
10. In dem sich öffnenden Dialogfenster: Auswählen der Registerkarte `'Zahlen'`.
11. Im Feld `'Kategorie'` Auswahl der Eintrages `'Benutzerdefiniert'`.
12. Im Feld `'Typ'` Auswahl des Eintrages: `[h]:mm:ss` (bzw. Neueingabe, falls nicht vorhanden).
13. Mausklick (linke Maustaste) auf die Schaltfläche `'OK'`.

Hinweis: Die [ ] eckigen Klammern stehen für mehr als 24 Stunden.

<u>Beispiel</u>: Anzeige einer Zeit < 24 Stunden

1. Mausklick (linke Maustaste) in eine freie Zelle, z. B. `'A1'`.
2. Eingabe der ersten Uhrzeit.
3. Mausklick (linke Maustaste) in eine freie Zelle, z. B. `'B1'`.
4. Eingabe der zweiten Uhrzeit.
5. Mausklick (linke Maustaste) in eine freie Zelle, z. B. `'C1'`.
6. Eingabe der zu addierenden Stunden, z. B.

2 Formeln und Funktionen

```
=A1+B1
```

7. Markieren der Zellen `'A1'`, `'B1'` und `'C1'`.
8. Mausklick (rechte Maustaste).
9. In dem sich öffnenden Kontextmenü: Mausklick (linke Maustaste) auf `'Zellen formatieren...'`.
10. In dem sich öffnenden Dialogfenster: Auswählen der Registerkarte `'Zahlen'`.
11. Im Feld `'Kategorie'` Auswahl der Eintrages `'Benutzerdefiniert'`.
12. Im Feld `'Typ'` Auswahl des Eintrages: `hh:mm:ss` (bzw. Neueingabe, falls nicht vorhanden).
13. Mausklick (linke Maustaste) auf die Schaltfläche `'OK'`.

2.25.14 Arbeitszeit- & Lohnberechnung

<u>Tipp</u> 1: **Arbeitszeit mit Unterbrechung berechnen (z. B. 12:00 bis 12:30 Uhr)**

1. Mausklick (linke Maustaste) in eine freie Zelle, z. B. `'A1'`.
2. Eingabe der Anfangszeit, z. B. `07:00`
3. Mausklick (linke Maustaste) in eine freie Zelle, z. B. `'B1'`.
4. Eingabe der Endzeit, z. B. `16:00`

5. Mausklick (linke Maustaste) in eine freie Zelle, z. B. `'C1'`.
6. Eingabe der Formel:
   `=B1-A1-MAX(0;MIN(B1;12,5/24)-MAX(A1;12/24))`
7. Ändern des Formats der Ergebniszelle in `[h]:mm:ss` wie folgt:
8. Mausklick (rechte Maustaste).
9. In dem sich öffnenden Kontextmenü: Mausklick (linke Maustaste) auf `'Zellen formatieren...'`.
10. In dem sich öffnenden Dialogfenster: Auswählen der Registerkarte `'Zahlen'`.
11. Im Feld `'Kategorie'` Auswahl der Eintrages `'Benutzerdefiniert'`.
12. Im Feld `'Typ'` Auswahl des Eintrages: `[h]:mm:ss` (bzw. Neueingabe, falls nicht vorhanden).
13. Mausklick (linke Maustaste) auf die Schaltfläche `'OK'`.

Tipp 2: Soll-Ist-Arbeitszeiten / Minderstunden / Mehrstunden

1. Mausklick (linke Maustaste) in eine freie Zelle, z. B. `'A1'`.
2. Eingabe der Sollzeit.

2 Formeln und Funktionen

3. Mausklick (linke Maustaste) in eine freie Zelle, z. B. `'B1'`.
4. Eingabe der Ist-Zeit.
5. Mausklick (linke Maustaste) in eine freie Zelle, z. B. `'C1'`.
6. Eingabe der Formel für die Differenz:
   `=A1-B1`
7. Mausklick (linke Maustaste) in eine freie Zelle, z. B. `'C2'`.
8. Eingabe der Formel für die Mehrstunden:
   `=WENN(C1>0;(C1);0)`
9. Mausklick (linke Maustaste) in eine freie Zelle, z. B. `'C3'`.
10. Eingabe der Formel für die Minderstunden:
    `=WENN(C1<0;ABS(C1);0)`
11. Ändern des Formats der Ergebniszellen in `[h]:mm:ss` wie folgt:
12. Mausklick (rechte Maustaste).
13. In dem sich öffnenden Kontextmenü: Mausklick (linke Maustaste) auf `'Zellen formatieren...'`.
14. In dem sich öffnenden Dialogfenster: Auswählen der Registerkarte `'Zahlen'`.
15. Im Feld `'Kategorie'` Auswahl der Eintrages `'Benutzerdefiniert'`.

2 Formeln und Funktionen

16. Im Feld `'Typ'` Auswahl des Eintrages: `[h]:mm:ss` (bzw. Neueingabe, falls nicht vorhanden).
17. Mausklick (linke Maustaste) auf die Schaltfläche `'OK'`.

Tipp 3: Industrieminuten (z. B. bei 4,30 Zeitstunden)

1. Mausklick (linke Maustaste) in eine freie Zelle, z. B. `'A1'`.
2. Eingabe der Anfangszeit im Format `hh:mm`
3. Mausklick (linke Maustaste) in eine freie Zelle, z. B. `'B1'`.
4. Eingabe der Endzeit im Format `hh:mm`
5. Mausklick (linke Maustaste) in eine freie Zelle, z. B. `'C1'`.
6. Eingabe der Formel:
   `=B1-A1`
7. Ändern des Formats in `hh:mm`
8. Mausklick (linke Maustaste) in eine freie Zelle, z. B. `'D1'`.
9. Eingabe der Formel:
   `=C1*24`
10. Ändern des Formats der Ergebniszelle in `'Standard'` wie folgt:
11. Mausklick (rechte Maustaste).

2 Formeln und Funktionen

12. In dem sich öffnenden Kontextmenü: Mausklick (linke Maustaste) auf 'Zellen formatieren...'.
13. In dem sich öffnenden Dialogfenster: Auswählen der Registerkarte 'Standard'.
14. Mausklick (linke Maustaste) auf die Schaltfläche 'OK'.

	A	B	C	D	[Standardformat]
1	Beginn	Ende	Stundenzahl		Industrieminuten
2	07:30	12:00	04:30	=C2*24	4,5

Tipp 4: **Stundenlohn**

1. Mausklick (linke Maustaste) in eine freie Zelle, z. B. 'A1'.
2. Eingabe der Stunden (Format: 00:00:00).
3. Mausklick (linke Maustaste) in eine freie Zelle, z. B. 'B1'.
4. Eingabe des Stundensatzes (Format 'Zahl').
5. Mausklick (linke Maustaste) in eine freie Zelle, z. B. 'C1'.
6. Eingabe der Formel:
   =A1*24*B1
7. Ändern des Formats der Ergebniszelle in 'Zahl' wie folgt:

2 Formeln und Funktionen

8. Mausklick (rechte Maustaste).
9. In dem sich öffnenden Kontextmenü: Mausklick (linke Maustaste) auf `'Zellen formatieren...'`.
10. In dem sich öffnenden Dialogfenster: Auswählen der Registerkarte `'Zahl'`.
11. Mausklick (linke Maustaste) auf die Schaltfläche `'OK'`.

Tipp 5: Minutenlohn

1. Mausklick (linke Maustaste) in eine freie Zelle, z. B. `'A1'`.
2. Eingabe der Minuten (Format: 00:00:00).
3. Mausklick (linke Maustaste) in eine freie Zelle, z. B. `'B1'`.
4. Eingabe des Minutensatzes.
5. Mausklick (linke Maustaste) in eine freie Zelle, z. B. `'C1'`.
6. Eingabe der Formel:
   `=A1*24*60*B1`
7. Ändern des Formats der Ergebniszelle in `'Zahl'` wie folgt:
8. Mausklick (rechte Maustaste).
9. In dem sich öffnenden Kontextmenü: Mausklick (linke Maustaste) auf `'Zellen formatieren...'`.

10. In dem sich öffnenden Dialogfenster: Auswählen der Registerkarte *'Zahl'*.
11. Mausklick (linke Maustaste) auf die Schaltfläche *'OK'*.

2.26 Festwerte / Zufallszahl

Bei jeder Neuberechnung werden die Tabellendaten in Excel aktualisiert, so auch jene, die über die Funktion *'Zufallszahl'* eingefügt wurden. Wenn in diesem Fall keine Aktualisierung gewünscht wird, können nachstehende Schritte unternommen werden.

<u>Beispiel</u>: Umwandlung von Formelergebnissen in Festwerte

1. Mausklick (linke Maustaste) in die betreffende Zelle.
2. Mausklick (linke Maustaste) in die Bearbeitungszeile.
3. Taste F9 drücken.

2.27 Doppelte Einträge ermitteln

<u>Beispiel</u>: Ermitteln der doppelten Einträge aus der Spalte `'A'`

1. Eingabe der Daten in Spalte `'A'`.
2. Eingabe der Formel in `'B1'`:
   `=WENN(VERGLEICH(A1;A:A;0)=ZEILE( );"";"doppelt")`
3. Kopieren der Formel in alle Zeilen, die in der Spalte `'A'` Daten enthalten. (Achtung: Auf die Anpassung der Formel an die Zeile achten.)

Hinweis: Sofern die Spalte `'A'` einen doppelten Wert enthält, wird parallel dazu in der Spalte `'B'` der Text `'doppelt'` ausgewiesen.

2.28 Kombinationen

<u>Beispiel</u>: Alle Kombinationsmöglichkeiten von 6 Zahlen aus 35

1. Mausklick (linke Maustaste) in eine freie Zelle, z. B. `'A1'`.
2. Eingabe der Zahl *35*.
3. Mausklick (linke Maustaste) in eine freie Zelle, z. B. `'A2'`.
4. Eingabe der Zahl *6*.

2 Formeln und Funktionen

5. Mausklick (linke Maustaste) in eine freie Zelle, z. B. '*B1*'.
6. Eingabe der Formel:
   =KOMBINATIONEN(A1;A2)

Ergebnis: 1623160

Das Buch "Excel 2013. Probleme und Lösungen"

Das Buch ist ein Ratgeber für den Umgang mit Microsoft® Excel. In präzise formulierten Arbeitsschritten bietet es zu den unterschiedlichsten Problemen seine Lösungswege an.

Inhalt Band 3:
- Formeln und Funktionen

Der Autor Gerik Chirlek

Gerik Chirlek befasst sich seit Anfang der 90er Jahre mit der Aufbereitung von IT-nahen und rechtsrelevanten Sachverhalten. Obgleich die Tätigkeit als PC-Fachberater bereits facettenreich ist, unternimmt Gerik gelegentlich auch Ausflüge in andere Themenwelten.

Der Autor Tami Chirlek

Tami Chirlek ist seit den 90er Jahren als Programmierer wie auch Schulungstrainer tätig. Das Interesse, sich neuen technischen Herausforderungen zu stellen und die ausgeprägte Neugier für einen Blick über den Tellerrand sind Tamis Markenzeichen.

Gerik und Tami Chirlek

Excel 2013 . Probleme und Lösungen . Band 1

- Dateifunktionen
- Editierfunktionen
- Formate & Formatierungen

Excel 2013 . Probleme und Lösungen . Band 2

- Datenbanken
- Diagramme
- Schutz & Sicherheit
- Kommunikation mit Anwendungen
- Sonstiges

Excel 2013 . Probleme und Lösungen . Band 3

- Formeln und Funktionen